dtv

Eine Einladung, den Alltag auszublenden und in andere Gedankenwelten einzutauchen: das ist die hier präsentierte Auswahl von Texten und Textauszügen. Sie bietet vielfältige Anregungen, neue Perspektiven zu entdecken, über Gott und die Welt, die Menschen, die Natur, das Leben in all seinen Facetten nachzusinnen und dabei den eigenen Horizont Stück für Stück zu erweitern. Mit dabei sind Denker und Denkerinnen, Forscher und Forscherinnen, Dichter und Dichterinnen von Platon bis Olympe de Gouges, von Georg Wilhelm Friedrich Hegel bis Hannah Arendt, von Khalil Gibran bis Mascha Kaléko und viele andere.

Brigitte Hellmann ist Lektorin und Herausgeberin diverser ›Lesebücher für Nachdenkliche‹.

Setz die Segel mit Hegel

Ein Lesebuch für Nachdenkliche

Herausgegeben von
Brigitte Hellmann

**Ausführliche Informationen über
unsere Autoren und Bücher
www.dtv.de**

Dieses Buch ist auch als eBook erhältlich.

Lesebücher für Nachdenkliche bei dtv:
Der kleine Taschenphilosoph
Mit Kant am Strand
Freundschaften

Originalausgabe 2020
© 2020 dtv Verlagsgesellschaft mbH & Co. KG, München
Das Werk ist urheberrechtlich geschützt.
Jede Verwertung ist nur mit Zustimmung des Verlags zulässig.
Das gilt insbesondere für Vervielfältigungen,
Übersetzungen und die Einspeicherung und Verarbeitung
in elektronischen Systemen.
Umschlaggestaltung: Katharina Netolitzky
Satz: Fotosatz Amann, Memmingen
Druck und Bindung: Druckerei C.H.Beck, Nördlingen
Printed in Germany · ISBN 978-3-423-34975-8

Inhalt

WISSEN UND ERKENNTNIS

Platon
Wissen ist Wahrnehmung 13

Khalil Gibran
Das Feld von Zaad 22

René Descartes
Über die Natur des menschlichen Geistes 24

KOSMOS UND NATUR

Marcus Chown
Das Urknall-Universum 35

Dschuang Dsi
Flussgott und Meergott 40

Georg Wilhelm Friedrich Hegel
Über die Natur 44

Alexander von Humboldt
Das nächtliche Thierleben im Urwalde 46

Menno Schilthuizen
Vorstadt 48

Emanuele Coccia
Der Atem der Welt 59

Reiner Kunze
Zuflucht noch hinter der Zuflucht 64

GOTT UND GLAUBE

Seneca
Der Gott in uns 67

Gerald Benedict
Können wir verstehen, was »Gott« bedeutet? 71

Gerald Benedict
Was ist Glaube? 76

Mascha Kaléko
Apropos »Freier Wille« 79

Gottfried Wilhelm Leibniz
Die beste aller möglichen Welten 80

Voltaire
Candide 85

MENSCH UND WELT

Edith Stein
Individuum und Gemeinschaft 95

Kurt Tucholsky
Die Familie 97

Iso Camartin
Gastfreundschaft 101

Arthur Schopenhauer
Die Stachelschweine 107

Marcus Tullius Cicero
Kein besseres Geschenk der Götter 109

Peter Rühmkorf
Gemeines Liebeslied 111

Rainer Maria Rilke
Liebe ist schwer 113

Wisława Szymborska
Beitrag zur Statistik 114

Arnold Toynbee
Sterblich sein 117

Luc Ferry
Die Trauer um einen geliebten Menschen 119

GESCHICHTE UND GESELLSCHAFT

Aristoteles
Natürlichkeit der Staatenbildung 127

Georg Christoph Lichtenberg
Tugend in allen Ständen 130

Georg Wilhelm Friedrich Hegel
Zur Philosophie der Geschichte 131

Leopold von Ranke
Über die Epochen der neueren Geschichte 143

Arthur Schopenhauer
Nationalstolz 150

Alexander von Humboldt
Die Einheit des Menschengeschlechts 154

Olympe de Gouges
Die Rechte der Frau 163

Hannah Arendt
Die Freiheit, frei zu sein 173

Karl Marx
Krisen der modernen bürgerlichen Gesellschaft 182

Erich Fromm
*Der »Marketing-Charakter« und
die »kybernetische Religion« 186*

GLÜCK UND LEBEN

Immanuel Kant
Glückseligkeit – »ein so unbestimmter Begriff« 197

Seneca
Die Tugend als einzig wahres Lebensgut 200

Dschuang Dsi
Glück? 207

Émilie du Châtelet
Über das Glück 210

Matt Haig
Glück ist nicht gut für die Wirtschaft 213

Alain
Die Kunst, glücklich zu sein 215

Rainer Maria Rilke
Geheimnisvolles Leben 218

Autoren und Quellenverzeichnis 219

1

WISSEN UND ERKENNTNIS

*Darauf kommt es an,
in dem Scheine des Zeitlichen und Vorübergehenden
das Ewige, das gegenwärtig ist, zu erkennen.*

Georg Wilhelm Friedrich Hegel

Platon

Wissen ist Wahrnehmung

SOKRATES: Fange nun an, und suche das Wesen des Wissens zu bestimmen. Dass du aber dazu nicht imstande seiest, das darfst du nicht wieder hören lassen. Denn wenn Gott will und du dich tapfer hältst, wirst du dazu auch imstande sein.

THEAITETOS: Angesichts deiner so nachdrücklichen Mahnung, lieber Sokrates, würde es wenig ehrenhaft sein, wollte man nicht auf alle Weise bestrebt sein vorzubringen, was man in sich hat. Meine Meinung also geht dahin: Der, welcher etwas weiß, nimmt dasjenige wahr, was er weiß. Demnach ist, wie es jetzt scheint, *das Wissen nichts anderes als Wahrnehmung.*

SOKRATES: So ist's recht und wacker, mein Sohn; denn so muss man seine Meinung sagen. Aber wohlan, lass uns gemeinsam prüfen, ob es eine echte oder eine Fehlgeburt ist. Wahrnehmung, behauptest du, sei Wissen?

THEAITETOS: Ja.

SOKRATES: Es scheint, du hast keine schlechte Bestimmung des Wissens gegeben, sondern diejenige, die auch Protagoras gab. Nur sagte er das Nämliche auf eine andere Weise.

Er behauptet nämlich, der Mensch sei das Maß aller Dinge, der seienden, dass sie sind, der nicht seienden, dass sie nicht sind. Du hast es doch gelesen?

THEAITETOS: Gewiss, und nicht bloß einmal.

SOKRATES: Meint er es also nicht so, dass für mich alles so ist, wie es mir erscheint, und für dich hinwiederum so, wie es dir erscheint? Mensch aber bin ich ebenso wie du?

THEAITETOS: Ja, so meint er es.

SOKRATES: Von einem weisen Mann aber darf man doch nicht annehmen, dass er Albernheiten redet. Wir wollen also seinem Gedanken nachgehen. Kommt es nicht öfters vor, dass beim Wehen des nämlichen Windes der eine von uns friert, der andere nicht, und der eine nur unmerklich, der andere heftig.

THEAITETOS: Gewiss.

SOKRATES: Wollen wir nun dann den Wind an und für sich kalt oder nicht kalt nennen, oder sollen wir mit Protagoras sagen, dass es für den Frierenden kalt, für den anderen aber es nicht sei?

THEAITETOS: Das letztere.

SOKRATES: Und so erscheint es doch auch jedem von beiden?

THEAITETOS: Ja.

SOKRATES: Das »erscheint« ist aber doch so viel wie »er nimmt wahr«.

THEAITETOS: So ist's.

SOKRATES: Also bei dem Warmen und allem Ähnlichen sind Erscheinung und Wahrnehmung dasselbe. Denn wie jeder etwas wahrnimmt, so scheint es auch für jeden zu sein.

THEAITETOS: Einverstanden.

SOKRATES: Wahrnehmung geht also immer auf das Seiende

und ist untrüglich. Das kann aber nur dann der Fall sein, wenn sie Wissen ist.

THEAITETOS: So scheint's.

SOKRATES: Das hat doch wohl Protagoras, der ja, bei den Charitinnen, ein hochweiser Mann war, uns, als dem großen Haufen, nur in Rätseln angedeutet, während er seinen Schülern im geheimen die Wahrheit mitteilte?

THEAITETOS: Wie meinst du das, mein Sokrates?

SOKRATES: Ich will dir Auskunft geben, und zwar keine schlechte. Nämlich: Nichts ist an und für sich eines, und für nichts sind die Bezeichnungen »etwas« oder »ein irgendwie Beschaffenes« statthaft, sondern wenn du es groß nennst, wird es auch klein erscheinen, und wenn schwer, auch leicht, und so weiter durchgängig, indem nichts weder *etwas* noch *irgendwie beschaffen* ist. Vielmehr *wird*, und zwar aus Schwung, Bewegung und Mischung miteinander, alles, was wir mit falscher Bezeichnung *sein* nennen. Denn niemals *ist* etwas, sondern *wird* immer. Und darüber sind alle Weisen der Reihe nach, mit einziger Ausnahme des Parmenides, einverstanden, Protagoras und Heraklit und Empedokles, und von den Dichtern die hervorragendsten in beiden Gebieten der Dichtung, in der Komödie Epicharm und in der Tragödie Homer, der mit den Worten (Ilias 14, 201) »Auch der Okeanos, unsre Geburt und Tethys, die Mutter, alles als entstanden aus Strömung und Bewegung« bezeichnete. Oder scheint er es dir nicht so zu meinen?

THEAITETOS: Ja.

SOKRATES: Wer könnte nun gegen ein so gewaltiges Heer mit Homer als Feldherrn an der Spitze Zweifel erheben, ohne sich lächerlich zu machen?

THEAITETOS: Keine leichte Aufgabe, mein Sokrates.
SOKRATES: Nein, gewiss nicht, mein Theaitetos. Der Satz, dass Bewegung die Ursache des scheinbar Seienden und des Werdens ist, die Ruhe dagegen die Ursache des Nichtseins und des Vergehens, wird auch durch folgende Beweise gestützt: Die Wärme nämlich und das Feuer, die doch auch erst alles andere erzeugen und durch ihren Einfluss beherrschen, werden selbst aus Schwung und Reibung erzeugt; das aber sind beides Bewegungen. Oder wären dies nicht die Entstehungsweisen des Feuers?
THEAITETOS: Sie sind es.
SOKRATES: Und was das Geschlecht der lebenden Wesen anlangt, so entsteht es doch aus den nämlichen Ursachen.
THEAITETOS: Unmöglich auf andere Weise.
SOKRATES: Und wie steht's mit dem körperlichen Wohlbefinden? Wird es nicht durch Ruhe und Trägheit untergraben, dagegen durch Leibesübungen und Bewegungen bedeutend gefördert?
THEAITETOS: Ja.
SOKRATES: Und was die Seelenbeschaffenheit anlangt, steht es da nicht so, dass die Seele durch Lernen und Übung, also Bewegungen, Kenntnisse erwirbt und bewahrt und sich bessert, während die Ruhe, die hier nichts anderes bedeutet als Mangel an Bildungstrieb und Lernbegier, zur Folge hat, dass sie nicht bloß nichts lernt, sondern auch, was sie gelernt hat, vergisst?
THEAITETOS: Sicherlich.
SOKRATES: Das eine also, nämlich die Bewegung, ist heilsam für Seele und Körper, das andere gerade umgekehrt.
THEAITETOS: Allerdings.

SOKRATES: Soll ich dir weiter reden von den Windstillen zu Wasser und zu Lande und ähnlichen Erscheinungen, dass nämlich die Ruhe Fäulnis und Verderbnis verursacht, das Gegenteil aber Gedeihen? Und soll ich dem Ganzen die Krone aufsetzen und beweisen, dass Homer mit dem Goldnen Seile nichts anderes meint als die Sonne, und zeigt, dass, solange der Umschwung und die Sonne im Gange sind, alles im Himmel wie auf Erden Bestand hat und gedeiht, wenn aber einmal das Ganze wie gefesselt stillstünde, alle Dinge zugrunde gehen und, wie man zu sagen pflegt, das Unterste zuoberst gekehrt würde?

THEAITETOS: Ja, so ist es wohl, mein Sokrates; Homer will das zeigen, was du ihm beilegst.

SOKRATES: Mache dir nun also, mein Bester, folgende Vorstellung: zunächst, was das Sehen anlangt, sei, was du weiße Farbe nennst, weder etwas Gesondertes außerhalb deiner Augen noch auch in deinen Augen; auch darfst du keinen Ort dafür annehmen. Denn dann wäre es ja schon an bestimmter Stelle und bliebe da und wäre nicht im Werden begriffen.

THEAITETOS: Wie das?

SOKRATES: Lass uns unserer obigen Annahme folgen, dass nichts an und für sich eins sei. So wird sich uns ergeben, dass Schwarz und Weiß und jede andere Farbe aus dem Zusammentreffen der Augen mit der entsprechenden Bewegung entsteht, und das, was wir in jedem einzelnen Fall Farbe nennen, ist weder das auf etwas Treffende noch das, worauf es trifft, sondern ein Mittleres, das sich für jeden besonders gestaltet. Oder würdest du die Meinung verfechten, dass, wie dir jedes Mal eine Farbe erscheint, sie auch einem Hunde und jedem beliebigen Geschöpfe erscheine?

THEAITETOS: Nimmermehr, beim Zeus.

SOKRATES: Und weiter. Erscheint einem anderen Menschen irgendetwas so wie dir? Hast du darüber volle Sicherheit oder nicht vielmehr darüber, dass nicht einmal dir selbst etwas als dasselbe erscheint, weil du dir selbst niemals gleichbleibst?

THEAITETOS: Dies scheint mir richtiger als jenes.

SOKRATES: Wenn nun das, was wir messen oder was wir berühren, groß oder weiß oder warm wäre, so würde es sich auch für einen anderen, der darauf stieße, niemals anders darstellen, solange es sich nicht selbst verändert. Wenn aber anderseits das Messende oder Berührende es wäre, dem diese einzelnen Eigenschaften innewohnten, so würde es seinerseits, wenn ein anderes herantritt oder etwas erleidet, ohne dass es selbst etwas erleidet, nicht ein anderes werden; während wir jetzt, mein Freund, uns genötigt sehen, mit wunderlichen und lächerlichen Behauptungen leichtfertig um uns zu werfen, wie Protagoras sagen würde und jeder, der dessen Meinung zu vertreten suchte.

THEAITETOS: Wie meinst du das?

SOKRATES: Ein einfaches Beispiel wird dir den Sinn meiner Worte völlig klarmachen. Wenn du sechs Würfel mit vieren vergleichst, so sagen wir, es seien mehr als vier und zwar anderthalbmal so viel, wenn aber mit zwölf, es seien weniger, und zwar halb so viel; eine andere Behauptung ist gar nicht möglich. Oder hältst du sie für möglich?

THEAITETOS: Ich nicht.

SOKRATES: Wie nun, wenn Protagoras oder sonst jemand

dich fragte: Lieber Theaitetos, kann etwas größer oder mehr werden anders als durch Vermehrung? Was würdest du antworten?

THEAITETOS: Wenn ich, mein Sokrates, die mir richtig scheinende Antwort auf die letzte Frage geben soll, so würde ich sagen: Nein! Wenn ich aber mit Rücksicht auf die frühere Frage antworten soll, so werde ich sagen: Ja! Denn sonst würde ich mir widersprechen.

SOKRATES: Vortrefflich, bei der Hera, mein Freund, und göttlich! Allein wenn du mit Ja antwortest, so dürfte wohl etwas vorgehen, was an das Wort des Euripides erinnert: Unsere Zunge nämlich wird zwar unwiderlegt bleiben, aber nicht unser Gedanke.

THEAITETOS: So ist's.

SOKRATES: Wären wir nun, ich und du, geistesmächtige und weise Männer und hätten das ganze Reich der Gedanken durchforscht, so würden wir nunmehr uns allerhand Fallen stellen und als streitbare Sophisten, uns im Kampfe messend, Rede gegen Rede triumphieren lassen. So aber sind wir einfache Leute, und darum wollen wir zunächst ganz schlicht unsere Gedanken für sich daraufhin prüfen, ob sie uns miteinander übereinstimmen oder ob das gerade Gegenteil der Fall ist.

THEAITETOS: Das ist mein aufrichtiger Wunsch.

SOKRATES: Und erst recht der meinige. Da es sich nun so verhält, wollen wir da nicht in aller Ruhe als Leute, die reichliche Zeit haben, die Untersuchung nochmals beginnen und nicht ärgerlich werden, sondern uns selbst aufrichtig daraufhin prüfen, was es mit diesen Erscheinungen in uns auf sich hat. Erstens nämlich werden wir bei solcher

Selbstbeobachtung wohl den Satz aufstellen, dass niemals irgendetwas größer oder kleiner wird weder an Masse noch an Zahl, solange es sich selbst gleich ist.

THEAITETOS: Ja.

SOKRATES: Zweitens: dass ein Ding, dem weder etwas hinzugesetzt noch abgezogen wird, weder je zunimmt noch abnimmt, sondern immer sich gleich ist.

THEAITETOS: Zweifellos.

SOKRATES: Nicht auch drittens, dass, was früher nicht war, später aber ist, dazu unmöglich gelangen kann, ohne geworden zu sein und zu werden?

THEAITETOS: Auch das scheint richtig.

SOKRATES: Diese drei Sätze widersprechen sich nun, glaube ich, in unserer Seele. Wir brauchen nur an das Beispiel mit den Würfeln zu denken oder auch an folgenden Fall: Ich, ein Mann in diesem Alter, werde, ohne gewachsen zu sein oder abgenommen zu haben, innerhalb eines Jahres, während ich jetzt noch größer bin als du, der Jüngling, weiterhin kleiner sein, ohne dass *meine* Körpermasse sich verringert hätte, sondern dadurch, dass *du* gewachsen bist. Denn ich bin ja doch später, was ich früher nicht war (nämlich kleiner), ohne es geworden zu sein; und dies letztere müsste doch der Fall sein; denn ohne das Werden ist das Gewordensein unmöglich, kleiner aber würde ich nur dann, wenn (bis dahin, wo Theaitetos mich an Größe übertreffen wird) ich etwas von meiner Körpermasse verlöre. Und noch tausend und abertausend Fälle dieser Art lassen sich anführen, wenn wir dieses zulassen.

Du folgst mir doch, lieber Theaitetos? Wenigstens scheinst du mir in solchen Dingen nicht unerfahren zu sein.

THEAITETOS: Wahrhaftig bei den Göttern, mein Sokrates, ich komme nicht aus der Verwunderung heraus über die Bedeutung dieser Dinge, und zuweilen wird mir's beim Blick auf sie geradezu schwindelig.

SOKRATES: Ja, hier zeigt sich, mein Freund, dass Theodoros bei seinem Urteil über dich von einem ganz richtigen Gefühl geleitet wurde. Denn gerade den Philosophen kennzeichnet diese Gemütsverfassung, die Verwunderung. Denn diese, und nichts anderes, ist der Anfang der Philosophie.

Khalil Gibran

Das Feld von Zaad

Auf der Straße von Zaad begegnete ein Reisender einem Mann, der in einem nahe gelegenen Dorf wohnte, und der Reisende deutete mit der Hand auf ein ausgedehntes Feld und fragte den Mann: »War dies nicht das Schlachtfeld, auf dem König Ahlam seine Feinde überwand?«

Und der Mann antwortete und sagte: »Das ist niemals ein Schlachtfeld gewesen. Auf diesem Feld stand einst die große Stadt Zaad, und sie wurde in Schutt und Asche gelegt. Aber jetzt ist es ein gutes Feld, nicht wahr?«

Und der Reisende und der Mann schieden voneinander.

Kurz darauf begegnete der Reisende einem anderen Mann, und wieder auf das Feld deutend, fragte er: »Das also ist der Ort, an dem einst die große Stadt Zaad stand?«

Und der Mann sagte: »Hier hat es noch nie eine Stadt Zaad gegeben. Aber früher einmal stand hier ein Kloster, und es wurde von den Leuten des Südlands zerstört.«

Darauf begegnete der Reisende auf derselben Straße von Zaad einem dritten Mann, und er deutete noch einmal auf das ausgedehnte Feld und sagte: »Ist es wahr, dass dies der Ort ist, an dem einst ein bedeutendes Kloster stand?«

Doch der Mann antwortete: »In dieser Gegend hat es noch niemals ein Kloster gegeben, aber unsere Väter und unsere Vorväter erzählten uns, einst sei ein gewaltiger Meteor in dieses Feld eingeschlagen.«

Da ging der Reisende weiter und wunderte sich in seinem Herzen. Und er begegnete einem sehr alten Mann, und er begrüßte ihn und sagte: »Herr, ich bin auf dieser Straße drei Männern begegnet, die alle hier in der Nähe wohnen, und habe jeden von ihnen nach diesem Feld gefragt. Und jeder von ihnen bestritt, was der andre zuvor gesagt hatte, und jeder von ihnen erzählte mir eine neue Geschichte, die der andere nicht erzählt hatte.«

Der Alte hob den Kopf und antwortete: »Mein Freund, jeder Einzelne von ihnen hat dir erzählt, was tatsächlich der Fall war; doch nur wenige von uns sind imstande, verschiedene Tatsachen zusammenzufügen und daraus eine Wahrheit zu bilden.«

René Descartes

Über die Natur des menschlichen Geistes

Die gestrige Untersuchung hat mich in so viele Zweifel gestürzt, dass ich sie nicht mehr vergessen kann, noch weiß, wie ich sie lösen soll. Als wäre ich unversehens in einen tiefen Strudel gestürzt, bin ich so verstört, dass ich weder auf dem Grunde Fuß fassen, noch zur Oberfläche mich emporbewegen kann. Dennoch will ich ausharren und nochmals den gestern eingeschlagenen Weg betreten, indem ich Alles fern halte, was dem geringsten Zweifel unterliegt, so als hätte ich es für ganz falsch erkannt, und ich will fortfahren, bis ich etwas Gewisses erreiche, wäre es auch nichts Anderes als die Gewissheit, dass es nichts Gewisses gibt. Archimedes verlangte nur einen festen und unbeweglichen Punkt, um die ganze Erde von ihrer Stelle zu bewegen; und ich kann auf Großes hoffen, wenn ich nur etwas, wäre es auch noch so klein, fände, was gewiss und unerschütterlich wäre.

Es gilt mir daher Alles, was ich sehe, für falsch; ich lasse nichts von dem gelten, was das trügerische Gedächtnis mir von dem Früheren vorführt; ich habe gar keine Sinne; mein Körper, meine Gestalt, Größe, Bewegung, Ort sind Chimären. Was bleibt da Wahres übrig? Vielleicht das Eine, dass es nichts Gewisses gibt.

Aber woher weiß ich, dass es Nichts gibt, was, im Unterschied von allem bisher Aufgezählten, nicht den mindesten Anlass zum Zweifeln gibt? Ist es nicht ein Gott, oder wie sonst ich den nennen will, der mir diesen Gedanken einflößt? – Weshalb soll ich aber dies glauben, da ich vielleicht selbst der Urheber desselben sein kann? – Bin ich selbst also wenigstens nicht Etwas? – Aber ich habe schon geleugnet, dass ich irgendeinen Sinn, irgendeinen Körper habe. Doch ich stocke; denn was folgt daraus? Bin ich denn so an den Körper und die Sinne gefesselt, dass ich ohne sie nicht sein kann? – Aber ich habe mich selbst überredet, dass es nichts in der Welt gibt, keinen Himmel, keine Erde, keine denkenden Wesen, keine Körper; weshalb also nicht auch, dass ich selbst nicht bin? – Gewiss aber *war* ich, wenn ich mich selbst überredet habe. – Aber es gibt einen, ich weiß nicht welchen höchst mächtigen und listigen Betrüger, der mich absichtlich immer täuscht. – Aber unzweifelhaft *bin* ich auch dann, wenn er mich täuscht; und mag er mich täuschen, so viel er vermag, nimmer wird er es erreichen, dass ich nicht bin, solange ich denke, dass ich etwas bin. Alles in Allem reiflich erwogen, muss zuletzt der Satz: »*Ich bin, ich existiere*«, notwendig wahr sein, so oft ich ihn ausspreche oder in Gedanken fasse.

Aber noch erkenne ich nicht genügend, wer denn der ist, der ich bin, und ich muss mich vorsehen, damit ich nicht etwa voreilig etwas Anderes statt meiner aufnehme und so selbst in jenem Gedanken auf Abwege gerate, welchen ich als den gewissesten und offenbarsten von allen behaupte.

Ich werde deshalb nochmals überlegen, wofür ich mich früher gehalten habe, ehe ich auf diesen Gedanken geriet. Davon will ich dann Alles abziehen, was durch beizubringende Gründe im Geringsten erschüttert werden kann, so dass zuletzt nur genau das übrig bleibt, was gewiss und unerschütterlich ist.

Wofür also habe ich mich bisher gehalten? – Für einen Menschen. – Aber was ist der Mensch? Soll ich sagen: ein vernünftiges Tier? – Nein; denn ich müsste dann untersuchen, was ein Tier und was vernünftig ist, und so geriete ich aus einer Frage in mehrere und schwierigere. Auch habe ich nicht so viel Zeit, um sie mit solchen Spitzfindigkeiten zu vergeuden; vielmehr will ich lieber betrachten, was sich von selbst und naturgemäß meinem Denken bisher darbot, so oft ich mich selbst betrachtete. Also zuerst bemerkte ich, dass ich ein Gesicht, Hände, Arme und jene ganze Gliedermaschine habe, wie man sie auch an einem Leichnam sieht, und die ich mit dem Namen »Körper« bezeichnete. Ich bemerkte ferner, dass ich mich ernähre, gehe, fühle und denke; ich bezog diese Tätigkeiten auf den Geist; aber was dieser »Geist« sei, nahm ich nicht wahr, oder ich stellte sie mir als ein feines Etwas vor, nach Art eines Windes oder Feuers oder Äthers, welcher meinen gröberen Bestandteilen eingeflößt sei. Über meinen Körper hatte ich nicht den mindesten Zweifel, sondern meinte, dessen Natur bestimmt zu kennen, und wenn ich versucht hätte, diese Natur so zu beschreiben, wie ich sie mir vorstellte, würde ich gesagt haben: »Unter Körper verstehe ich Alles, was durch eine Gestalt begrenzt ist und örtlich umschrieben werden kann; was den Raum so erfüllt, dass es jeden anderen Körper davon ausschließt; was durch Gefühl, Gesicht, Gehör, Geschmack oder Geruch wahrgenommen werden und sich auf verschiedene Weise bewegen kann; zwar nicht von selbst, aber von etwas Anderem, von dem es angestoßen wird.« Denn ich nahm an, dass die Fähigkeit, sich selbst zu bewegen, zu empfinden und zu denken, auf keine Weise zur Natur des Körpers gehöre; vielmehr staunte ich, dass dergleichen Vermögen in manchen Körpern angetroffen werden können.

Da ich aber jetzt annehme, dass ein mächtiger und, wenn es zu sagen erlaubt ist, boshafter Betrüger absichtlich mich in Allem möglichst getäuscht habe, kann ich da auch nur das Kleinste von Alledem noch festhalten, was ich zur Natur des Körpers gerechnet habe? Ich merke auf, ich denke nach, ich überlege; ich finde nichts; ich ermüde, indem ich den Versuch vergeblich wiederhole. – Was soll aber von dem gelten, was sich der Geist zuteilte, von dem Sich-Ernähren und Gehen? Da ich keinen Körper habe, so sind auch dies nur Einbildungen. – Was aber ist mit dem Wahrnehmen, dem Empfinden? – Auch dies ist ohne Körper unmöglich, und auch glaubte ich Vieles im Traum wahrzunehmen, von dem sich später ergab, dass ich es nicht wahrgenommen habe. – Was aber ist Denken? – Hier treffe ich es: *Das Denken ist; dies allein kann von mir nicht abgetrennt werden; es ist sicher, ich bin, ich bestehe.* Wie lange aber? Offenbar solange ich denke; denn es könnte vielleicht kommen, dass, wenn ich mit dem Denken ganz aufhörte, ich alsbald auch zu sein ganz aufhörte. Ich lasse jetzt nur das zu, was notwendig wahr ist. Ich bin also genau nur ein denkendes Wesen, d. h. ein Geist oder ein Verstand oder eine Vernunft, Worte von einer mir früher unbekannten Bedeutung. Aber ich bin ein wirkliches Wesen, das wahrhaft existiert. – Aber welches Ding? Ich habe bereits gesagt: ein denkendes.

Was weiter? – Ich will annehmen, dass ich nicht jenes Gebilde von Gliedern bin, welches man menschlichen Körper nennt; ich bin auch nicht ein feiner Äther, der diese Glieder durchdringt; kein Wind, kein Feuer, kein Dampf, kein Hauch, nicht, was ich sonst mir einbilde; denn ich habe angenommen, dass dies Alles nichts ist. Aber der Satz bleibt: Trotzdem bin ich Etwas. – Vielleicht aber trifft es sich, dass selbst das, von dem ich annahm, es sei nichts, weil es mir unbekannt ist, in Wahrheit von dem Ich das, ich kenne, nicht unterschieden ist. – Ich weiß es nicht und streite darüber nicht; ich kann nur über das urteilen, was mir bekannt ist. Ich weiß, dass ich da bin; ich frage, wer bin ich, dieses Ich, von dem ich weiß? Offenbar kann die Erkenntnis dieses so genau aufgefassten Ich nicht von etwas abhängen, von dem ich noch nicht weiß, dass es da ist, mithin auch nicht von Alledem, was ich mir eingebildet habe. Aber dieses Wort »eingebildet« erinnert mich an meinen Irrtum; denn ich würde in Wahrheit mir Etwas einbilden, wenn ich mir *vorstellte*, dass ich Etwas sei; denn Vorstellen ist nichts Anderes, als die Gestalt oder das Bild eines körperlichen Gegenstandes betrachten. Nun weiß ich aber doch gewiss, dass ich bin, und zugleich, dass alle jene Bilder und überhaupt Alles, was sich auf die Natur des Körpers bezieht, möglicherweise nur Traumbilder sind. Hiernach erscheint es nicht minder verkehrt, wenn ich sage, »Ich will meine Einbildungskraft anstrengen, um genauer zu erfahren, wer ich bin«, als wenn ich sagte: »Ich bin zwar erwacht und sehe etwas Wirkliches; allein, weil ich es noch nicht klar genug sehe, will ich mich bemühen, wieder einzuschlafen, damit die Träume mir es wahrhafter und überzeugender vorstellen sollen.« Ich erkenne also, dass nichts von dem, was ich durch die Einbildungskraft erfassen kann, zu diesem Wissen gehört, was ich von mir habe, und dass ich meinen Geist mit Sorgfalt davon abhalten muss, wenn ich seine Natur genau erkennen will.

Aber was bin ich also? – Ein denkendes Ding. – Was heißt dies? – Es ist ein Wesen, was zweifelt, bejaht, verneint, begehrt, verabscheut, auch vorstellt und wahrnimmt.

Dies ist fürwahr nicht wenig, wenn das Alles mir zugehört. Aber weshalb sollte dies nicht sein? Bin ich es nicht selbst, der beinahe Alles bezweifelt, der dennoch Einiges einsieht, der behauptet, das Eine sei wahr, das Übrige leugnet, der mehr wissen will, der nicht betrogen sein will, der sich Vieles selbst unwillkürlich vorstellt und Vieles als solches bemerkt, was nicht von den Sinnen ihm zugeführt worden? Ist nicht all dies, wenn ich auch noch träumen sollte, wenn auch der, welcher mich geschaffen hat, nach Möglichkeit mich täuschen sollte, nicht ebenso wahr wie mein Dasein, der Satz, dass ich bin? Was davon ist von meinem Denken unterscheidbar? Weshalb kann es als von mir unterschieden gesetzt werden? – Denn dass *ich* es bin, der zweifelt, der einsieht, der will, ist so offenbar, dass es nichts gibt, was dies deutlicher machen könnte. – Aber ich bin doch auch derselbe, der sich etwas vorstellt. Denn wenn auch vielleicht nichts von dem, was ich mir vorstelle, nach meiner Voraussetzung wahr ist, so besteht doch in Wahrheit die Einbildungskraft und macht einen Teil meiner Gedanken aus; ebenso bin ich es, der wahrnimmt, d. h. die körperlichen Dinge gleichsam durch die Sinne bemerkt. Ich sehe doch offenbar das Licht, höre ein Geräusch, fühle die Wärme; aber dies ist Täuschung, denn ich träume. Aber ich *meine* doch zu sehen, zu hören, mich zu erwärmen; dies kann nicht falsch sein; das ist eigentlich das, was in mir das Empfinden genannt wird. Mithin ist dieses, genau genommen, nichts anderes als Bewusstsein.

Hiernach beginne ich schon etwas besser zu wissen, was ich bin. Allein dennoch scheint es mir, und ich kann mich der Meinung nicht erwehren, dass ich die körperlichen Dinge, deren Bilder im Denken geformt werden, und welche die Sinne erforschen, viel genauer kenne als jenes, ich weiß nicht etwas von mir, das ich mir nicht vorstellen kann. Es ist fürwahr wunderbar, dass ich die Dinge, die mir als zweifelhaft, unbekannt, fremd gelten, deutlicher erfasst werden als das, was wahr, was erkannt ist, ja als ich selbst. Aber ich sehe, wie es sich verhält; mein Denken freut sich des Verirrens und lässt sich nicht in den Schranken der Wahrheit festhalten. Sei es also! Wir wollen ihm noch einmal die Zügel schießen lassen, damit, wenn sie später zur passenden Zeit angezogen werden, es umso geduldiger sich lenken lasse.

Betrachten wir die Dinge, die man gewöhnlich am genauesten zu kennen meint, d. h. die Körper, welche man fühlt, sieht; nicht die Körper überhaupt, denn diese allgemeinen Vorstellungen pflegen etwas verworren zu sein, sondern einen einzelnen. Nehmen wir z. B. dieses Wachs. Es ist erst vor Kurzem aus dem Honigkuchen ausgeschmolzen worden; es hat noch nicht allen Honiggeschmack verloren und hat noch etwas von dem Geruch der Blumen, aus denen es gesogen worden. Seine Farbe, Gestalt, Größe ist offenbar; es ist hart, kalt, leicht zu greifen und gibt, wenn man darauf pocht, einen Ton von sich. Es hat mithin Alles, was nötig scheint, um einen Körper auf das bestimmteste zu erkennen. Aber siehe, während ich spreche, wird es dem Feuer genähert; die Reste des Wohlgeschmacks vergehen; der Geruch verschwindet; die Farbe verändert sich; die Größe nimmt zu; es wird flüssig, warm, kann kaum noch berührt werden und gibt, wenn man darauf pocht, keinen Ton mehr von sich. – Ist dies noch dasselbe Wachs geblieben? Es ist geblieben; man muss es zugeben; Niemand leugnet das, Niemand ist anderer Meinung. – Was also an ihm war es, was man so bestimmt erfasste? – Sicherlich nichts von dem, was man durch die Sinne erreichte; denn Alles, was unter den Geschmack, den Geruch, das Gesicht, das Gefühl oder das Gehör fiel, hat sich verändert; nur das Wachs ist geblieben.

Vielleicht war es das, was ich jetzt denke; nämlich, dass dieses Wachs nicht diese Süße des Honigs, nicht dieser Duft der Blumen, nicht jene weiße Farbe, jene Gestalt, jener Ton gewesen sei, sondern ein Körper, der mir kurz zuvor in diesen Eigenschaften erschien und nun in anderen. Was ist aber genau das, was ich mir so vorstelle? Geben wir Acht; entfernen wir Alles, was nicht zum Wachs gehört, und sehen wir, was übrigbleibt. Nichts als etwas Ausgedehntes, Biegsames, Veränderliches. Was ist aber dies Biegsame, Veränderliche? Etwa, dass ich mir vorstelle, dieses Wachs könne aus einer runden Gestalt in eine viereckige und dann wieder in eine dreieckige verwandelt werden? – Durchaus nicht; denn ich weiß wohl, dass es unzähliger solcher Veränderungen fähig ist, aber ich kann diese zahllosen Veränderungen in meiner Vorstellung nicht einzeln durchlaufen, und dieser Begriff kann deshalb nicht von der Einbildungskraft, dem Vorstellungsvermögen herkommen. – Was ist »ausgedehnt«? Ist etwa selbst seine Ausdehnung mir unbekannt? Denn im schmelzenden Wachs nimmt sie zu, im heißen noch mehr, und wiederum mehr, wenn die Hitze gesteigert wird. Ich würde auch nicht richtig beurteilen, was das Wachs ist, wenn ich nicht annähme, dass es der Ausdehnung nach mehr Veränderungen annimmt, als ich mir irgend vorstellen möchte. – Ich muss also anerkennen, dass ich das, was das Wahre ist, mir nicht bildlich vorstellen, sondern nur mit dem Geist allein erfassen kann. Ich sage das von diesem bestimmten einzelnen Wachs, denn von Wachs überhaupt ist dies noch klarer. – Was ist nun dieses Wachs, was ich nur denkend begreifen kann? – Es ist dasselbe, was ich sehe, berühre, mir vorstelle, also dasselbe, wofür ich es von Anfang an hielt. Aber, und dies ist festzuhalten, seine Erkenntnis ist kein Sehen, kein Berühren, kein bildliches Vorstellen und ist es nie gewesen, obgleich es früher so schien, sondern eine Einsicht allein des Geistes, die bald unvollkommen und verworren sein kann wie vorher, bald klar und deutlich wie jetzt, je nachdem ich weniger oder mehr auf das, woraus es besteht, Acht habe.

2

KOSMOS UND NATUR

*Die Natur ist für die denkende Betrachtung Einheit in
der Vielheit, Verbindung des Mannigfaltigen in Form und
Mischung, Inbegriff der Naturdinge und Naturkräfte,
als ein lebendiges Ganzes.*

Alexander von Humboldt

Marcus Chown

Das Urknall-Universum

Wenn das Universum expandiert, folgt daraus unmittelbar, dass es früher kleiner gewesen sein muss. Indem die Astronomen die Expansion gedanklich in die Vergangenheit zurückverfolgen – gleichsam den Film im Rückwärtsgang abspielen –, kommen sie zu dem Ergebnis, dass der gesamte Kosmos vor 13,7 Milliarden Jahren in einem unendlich kleinen Volumen zusammengedrängt war. Die radial auseinanderstrebenden Fluchtbewegungen der Galaxien erzählen von einem Universum, das zwar alt ist, aber nicht schon immer da war. *Die Zeit hat einen Anfang.* Vor 13,7 Milliarden Jahren schossen alle Materie und Energie, Raum und Zeit bei einer gigantischen Explosion, dem »Urknall«, ins Dasein. »Ein weißes Kaninchen wird aus einem leeren Zylinder gezogen«, schrieb Jostein Gaarder in seinem Roman ›Sofies Welt‹. »Weil es ein sehr großes Kaninchen ist, nimmt dieser Trick viele Milliarden von Jahren in Anspruch.«

Die Expansion des Kosmos, so zeigt sich, gehorcht einem erstaunlich einfachen Gesetz. Die Galaxien entfernen sich von dem Milchstraßensystem mit einer Geschwindigkeit, die direkt proportional ihrer Entfernung ist. Eine Galaxie A, die doppelt so weit von unserem Sonnensystem entfernt ist wie eine Galaxie B, bewegt sich also doppelt so schnell wie B von uns weg; eine Galaxie C, die zehnmal so weit weg ist wie B, flieht mit der zehnfachen Geschwindigkeit von B usw. Diese Relation, das »Hubble-Gesetz«, ist eine zwingende Notwendigkeit in einem Universum, das sich ausdehnt und dabei nicht aufhört, Beobachtern in allen Galaxien den gleichen Anblick zu bieten.

Stellen Sie sich einen Rosinenkuchenteig in seiner Backform vor, die nicht hierzulande übliche Kasten- oder Guglhupfform, sondern die Form für einen Mailänder Panettone ist. Wenn Sie schrumpfen und auf einer der Rosinen Platz nehmen könnten, würde sich Ihnen in allen Blickrichtungen das gleiche Bild zeigen. Wird die Form dann in den aufgeheizten Backofen gestellt und der Teig geht dort auf (»expandiert«), werden Sie nicht nur bemerken, dass sich die anderen Rosinen von Ihnen entfernen, sondern auch, dass die Fluchtgeschwindigkeit der Rosinen in linearer Proportion zu der Distanz, die sie von Ihnen trennt, zunimmt. Dabei spielt es überhaupt keine Rolle, welche Rosine Sie sich als Beobachtungspunkt gewählt haben. Auf allen bietet sich der gleiche Anblick. (Stillschweigend vorausgesetzt ist, dass der Kuchen ein ziemlich großes Exemplar ist, so dass Sie sich immer weit entfernt vom Rand und vom Boden der Form befinden, wo ja keine Ausdehnung stattfindet.) Die Galaxien in einem expandierenden Universum gleichen den Rosinen in einem aufgehenden Panettone.

In Anbetracht dessen wäre es ein Trugschluss zu meinen, nur weil wir alle Galaxien von uns wegfliegen sehen, könnten wir davon ausgehen, dass wir uns im Zentrum des Universums befinden, und der Urknall habe sich sozusagen in unserem kosmischen Hinterhof ereignet. Der Urknall hat sich nicht hier oder dort oder überhaupt an irgendeinem Ort im Universum ereignet. »Im All ist weder Mitte noch Umkreis, sondern wenn du willst, ist in allem eine Mitte und jeder Punkt kann als Mittelpunkt irgendeines Umkreises gelten«, schrieb schon der italienische Philosoph Giordano Bruno (1548–1600), den die katholische Kirche wegen seiner ihr missfälligen kosmologischen Ansichten auf dem Campo de' Fiori zu Rom bei lebendigem Leib verbrennen ließ.

Die Bezeichnung »Urknall« ist ein wenig irreführend. Das Ereignis war etwas ganz Anderes als das, was wir aufgrund vielfältiger Erfahrungen unter einer Explosion verstehen. Explodiert beispielsweise eine Dynamitstange, so tut sie dies an einem klar definierten Ort, von dem aus sich die zerfetzten Überreste in einen vorhandenen Raum hinein ausbreiten. Der Urknall ereignete sich jedoch nicht an einem bestimmten Ort, und es war auch kein leerer Raum vorhanden. Alles, was da ist – Raum, Zeit, Energie und Materie –, kam mit dem Urknall überhaupt erst ins Dasein und begann im selben Moment auch schon »überall« zu expandieren. [...]

Als das Universum zu expandieren begann – im Zeitpunkt seiner Geburt –, war es unendlich dicht und unendlich heiß. Physiker bezeichnen den Punkt, in dem der analytische Ausdruck für eine physikalische Größe unendlich wird, als Singularität. In dem klassischen Urknall-Modell wurde demnach das Universum aus einer Singularität geboren.

Die zweite von Einsteins Gravitationstheorie prognostizierte Singularität ist das Zentrum eines Schwarzen Lochs. In diesem Fall wird die Materie eines sterbenden Sterns im Gravitationskollaps in ein Volumen der Größe null zusammengedrängt, mit dem Ergebnis, dass sie unendlich dicht und unendlich heiß wird. »Schwarze Löcher«, hat mal jemand gesagt, »sind dort, wo Gott durch null dividiert hat.«

Eine Singularität ist jedoch Nonsens. Wenn in einer Theorie eine solche Absurdität auftaucht, verrät dies eine Unzulänglichkeit der fraglichen Theorie – in diesem Fall ist das Einsteins Gravitationstheorie. Ihr Gültigkeitsrahmen, der Bereich, innerhalb dessen sie Sinnvolles über die Welt zu sagen hat – ist zu weit gefasst. Im vorliegenden Fall überrascht das nicht. Die allgemeine Relativitätstheorie bezieht sich auf eminent Großräumiges. Das Universum war jedoch in seinen frühesten Phasen kleiner als ein Atom. Für den atomaren Bereich ist die Quantentheorie zuständig.

Normalerweise überlappen sich diese zwei physiktheoretischen Glanzleistungen des 20. Jahrhunderts nicht. Bei Schwarzen Löchern und der Geburt des Universums kommen sie sich aber ins Gehege. Wenn wir verstehen wollen, wie das Universum ins Dasein trat, brauchen wir eine tauglichere Beschreibung der Realität, als wir sie in Einsteins Gravitationstheorie haben, wir brauchen eine »quantisierte Gravitationstheorie«. […]

Gegenwärtig suchen die Experten auf verschiedenen Wegen eine Annäherung an die nicht leicht zu konkretisierende Quantentheorie der Gravitation. Der meistbeachtete Weg führt ohne Frage über die »Superstringtheorie«. Anders als das Standardmodell der Teilchenphysik sehen die Stringtheorien die fundamentalen Bausteine der Materie nicht als punktförmige Teilchen an, sondern als ultrakleine (»submikroskopische«) eindimensionale Objekte, sogenannte Strings (von engl. String = Saite, Faden). Ein String – überkonzentrierte Masse/Energie – kann schwingen wie eine Violinsaite und in seinen verschiedenen Schwingungszuständen je verschiedene Elementarteilchen wie beispielsweise Elektronen oder Photonen repräsentieren. […]

Niemand vermag zu sagen, wie nah oder fern wir einer Quantengravitationstheorie sind. Ohne sie besteht freilich keine Aussicht, dass wir die mit Spannung erhofften letzten Schritte des gedanklichen Wegs zurück zum Anfang des Universums schaffen werden. […]

Doch tief in diesem Nebel müssen sich die drängendsten Fragen der Naturwissenschaft finden lassen. Woher kam das Universum? Warum platzte es vor 13,7 Milliarden Jahren mit einem »Big Bang« ins Dasein? Was war vor diesem Urknall – falls da überhaupt etwas war?

Wenn es uns endlich gelingen sollte, unsere Theorie von den ganz kleinen und den ganz großen Dingen miteinander zu verknüpfen, dann werden wir die Antworten auf diese Fragen finden. Und dann sehen wir uns der letzten aller Fragen gegenüber: Wie konnte aus »nichts« »etwas« werden? »Es reicht, einen Stein in die Hand zu nehmen«, schreibt Jostein Gaarder in ›Sofies Welt‹. »Das Universum wäre genauso unfassbar, wenn es nur aus einem apfelsinengroßen Stück bestünde. Die Frage wäre genauso verzwickt: Wo kommt dieser Stein her?«

Dschuang Dsi

Flussgott und Meergott

Die Zeit der Herbstfluten war gekommen, Hunderte von Wildbächen ergossen sich in den gelben Fluss. Trübe wälzte sich der angeschwollene Strom zwischen seinen beiden Ufern, so dass man von der einen Seite zur andern nicht mehr einen Ochsen von einem Pferd unterscheiden konnte. Darüber wurde der Flussgott hochgemut und freute sich und hatte das Gefühl, dass alle Schönheit auf der Welt ihm zu Gebote stehe. Er fuhr auf dem Strome hinab und kam zum Nordmeer. Da wandte er das Gesicht nach Osten und hielt Ausschau. Aber er entdeckte nicht das Ende des Wassers. Darüber drehte der Flussgott sich um, blickte auf zum Meergott und sagte seufzend: »Was da im Sprichwort steht: Wer hundert Wege kennt, hält sich für unvergleichlich klug, das trifft auf mich zu. Wohl habe ich schon Leute getroffen, die von menschlicher Größe nicht viel wissen wollten, aber ich habe ihnen nie recht geglaubt. Erst bei Euch jetzt sehe ich, was wirkliche Größe und Unerschöpflichkeit ist. Wäre ich nicht vor Eure Tür gekommen, so wäre ich in Gefahr, dauernd verlacht zu werden von den Meistern der großen Auskunft.«

Der Gott des Nordmeers Jo sprach: »Mit einem Brunnenfrosch kann man nicht über das Meer reden, er ist beschränkt auf sein Loch. Mit einem Sommervogel kann man nicht über das Eis reden, er ist begrenzt durch seine Zeit. Mit einem Fachmann kann man nicht vom LEBEN reden, er ist gebunden durch seine Lehre. Heute bist du über deine Grenzen hinausgekommen, du hast das große Meer erblickt und erkennst deine Ärmlichkeit: so wird man mit dir von der großen Ordnung reden können. Von allen Wassern auf Erden gibt es kein größeres als das Meer. Alle Ströme ergießen sich darein, kein Mensch weiß wie lange, und doch nimmt es nicht zu. An der Sinterklippe verdunstet es, kein Mensch weiß wie lange, und doch nimmt es nicht ab. Frühling und Herbst verändern es nicht; Fluten und Dürre kennt es nicht. Darin besteht seine unermessliche Überlegenheit über Flüsse und Ströme. Und dennoch halte ich mich nicht selbst für groß. Das kommt daher, dass ich das Verhältnis kenne, in dem meine Gestalt zu Himmel und Erde steht, dass ich meine Kraft empfange von den Urmächten des Lichten und Trüben. Ich bin inmitten von Himmel und Erde nur wie ein Steinchen oder ein Bäumchen auf einem großen Berg, das in seiner Kleinheit nur eben sichtbar ist. Wie sollte ich mich da selber für groß halten? Denkst du etwa, dass die vier Meere inmitten von Himmel und Erde nicht nur einer kleinen Erhöhung oder Vertiefung in dem großen Urmeer entsprechen? Um die Zahl aller Dinge zu bezeichnen, redet man von Zehntausenden, und der Mensch ist nur eben eines davon. Von all den vielen Menschen, die die neun Erdteile bewohnen, sich von Körnerspeise nähren und zu Schiff und Wagen miteinander verkehren, ist der Einzelmensch nur Einer. Wenn man ihn also vergleicht mit den Myriaden von Wesen, ist er da nicht wie die Spitze eines Härchens am Leibe eines Pferdes? Und nun ist alles, was die großen Männer der Weltgeschichte bewegt und bekümmert hat, nichts weiter als diese Dinge. Dass diese Leute sich selbst für so groß halten, darin gleichen sie dir, wie du soeben dein Wasser noch für das größte gehalten hast.«

Der Flussgott sprach: »Geht es dann an, wenn ich Himmel und Erde als groß und die Spitze eines Haars als klein bezeichne?«

Jo vom Nordmeer sprach: »Nein, innerhalb der Welt der wirklichen Dinge gibt es keine begrenzten Maßstäbe, gibt es keine ruhende Zeit, gibt es keine dauernden Zustände, gibt es kein Festhalten von Ende und Anfang. Wer daher höchste Weisheit besitzt, der überschaut in der gleichen Weise das Ferne und das Nahe, so dass das Kleine für ihn nicht gering und das Große nicht wichtig erscheint; denn er erkennt, dass es keine festbegrenzten Maßstäbe gibt. Er durchdringt mit seinem Blick Vergangenheit und Gegenwart, so dass er dem Vergangenen nicht nachtrauert und ohne Ungeduld die Gegenwart genießt; denn er erkennt, dass es keine ruhende Zeit gibt. Er hat erforscht den ständigen Wechsel von Steigen und Fallen, so dass er sich nicht freut, wenn er gewinnt, noch trauert, wenn er verliert; denn er erkennt, dass es keine dauernden Zustände gibt. Er ist im klaren über den ebenen Pfad, so dass er nicht glücklich ist über seine Geburt noch unglücklich über seinen Tod; denn er erkennt, dass Ende und Anfang sich nicht festhalten lassen.

Wenn man bedenkt, dass das, was der Mensch weiß, nicht dem gleichkommt, was er nicht weiß; dass die Zeit seines Lebens nicht gleichkommt der Zeit, da er noch nicht lebte: so ist klar, dass wer mit jenen kleinen Mitteln zu erschöpfen trachtet diese ungeheuren Gebiete, notwendig in Irrtum gerät und nicht zu sich selbst zu kommen vermag. Betrachte ich die Dinge von hier aus, woher will ich dann wissen, dass die Spitze eines Haares klein genug ist, um letzte Kleinheit durch sie zu bestimmen? Woher will ich wissen, dass Himmel und Erde groß genug sind, um letzte Größe dadurch zu bestimmen?«

Georg Wilhelm Friedrich Hegel
Über die Natur

Die Bewegung des Sonnensystems erfolgt nach unveränderlichen Gesetzen: diese Gesetze sind die Vernunft desselben, aber weder die Sonne noch die Planeten, die in diesen Gesetzen um sie kreisen, haben ein Bewußtsein darüber. So ein Gedanke, daß Vernunft in der Natur ist, daß sie von allgemeinen Gesetzen unabänderlich regiert wird, frappiert uns nicht, wir sind dergleichen gewohnt und machen nicht viel daraus: Ich habe auch darum jenen geschichtlichen Umstand erwähnt, um bemerklich zu machen, daß die Geschichte lehrt, daß dergleichen, was uns trivial scheinen kann, nicht immer in der Welt gewesen, daß solcher Gedanke vielmehr Epoche in der Geschichte des menschlichen Geistes macht. Aristoteles sagt von Anaxagoras als vom Urheber jenes Gedankens, er sei wie ein Nüchterner unter Trunkenen erschienen. Von Anaxagoras hat Sokrates diesen Gedanken aufgenommen, und er ist zunächst in der Philosophie mit Ausnahme Epikurs, der dem Zufall alle Ereignisse zuschrieb, der herrschende geworden. »Ich freute mich desselben«, läßt Plato ihn sagen, »und hoffte einen Lehrer gefunden zu haben, der mir die Natur nach der Vernunft auslegen, in dem Besonderen seinen besonderen Zweck, in dem Ganzen den allgemeinen Zweck aufzeigen würde, ich hätte diese Hoffnung um vieles nicht aufgegeben. Aber wie sehr wurde ich getäuscht, als ich nun die Schriften des Anaxagoras selbst eifrig vornahm und fand, daß er nur äußerliche Ursachen, als Luft, Äther, Wasser und dergleichen, statt der Vernunft aufführt.« Man sieht, das Ungenügende, welches Sokrates an dem Prinzip des Anaxagoras fand, betrifft nicht das Prinzip selbst, sondern den Mangel an Anwendung desselben auf die konkrete Natur, daß diese nicht aus jenem Prinzip verstanden, begriffen ist, daß überhaupt jenes Prinzip abstrakt gehalten blieb, daß die Natur nicht als eine Entwicklung desselben, nicht als eine aus der Vernunft hervorgebrachte Organisation gefaßt ist.

Alexander von Humboldt

Das nächtliche Thierleben im Urwalde

Von der Insel del Diamante an, auf welcher die spanisch sprechenden Zambos Zuckerrohr bauen, tritt man in eine große und wilde Natur. Die Luft war von zahllosen Flamingos (Phoenicopterus) und anderen Wasservögeln erfüllt, die, wie ein dunkles, in feinen Umrissen stets wechselndes Gewölk, sich von dem blauen Himmelsgewölbe abhoben. Das Flußbette verengte sich bis zu 900 Fuß Breite, und bildete in vollkommen gerader Richtung einen Canal, der auf beiden Seiten von dichter Waldung umgeben ist. Der Rand des Waldes bietet einen ungewohnten Einblick dar. Vor der fast undurchdringlichen Wand riesenartiger Stämme von Caesalpinia, Cedrela und Desmanthus erhebt sich auf dem sandigen Flußufer selbst, mit großer Regelmäßigkeit, eine niedrige Hecke von Sauso. Sie ist nur 4 Fuß hoch, und besteht aus einem kleinen Strauche, Hermesia castaneifolia, welcher ein neues Geschlecht aus der Familie der Euphorbiaceen bildet. Einige schlanke dornige Palmen, Piritu und Corozo von den Spaniern genannt (vielleicht Martinezia- oder Bactris-Arten), stehen der Hecke am nächsten. Das Ganze gleicht einer beschnittenen Gartenhecke, die nur in großen Entfernungen von einander thorartige Öffnungen zeigt. Die großen vierfüßigen Thiere des Waldes haben unstreitig diese Öffnungen selbst gemacht, um bequem an den Strom zu gelangen. Aus ihnen sieht man, vorzüglich am frühen Morgen und bei Sonnenuntergang, heraustreten, um ihre Jungen zu tränken, den amerikanischen Tiger, den Tapir und das Nabelschwein (Pecari, Dicotyles). Wenn sie, durch ein vorüberfahrendes Canot der Indianer beunruhigt, sich in den Wald zurückziehen wollen, so suchen sie nicht die Hecke des Sauso mit Ungestüm zu durchbrechen, sondern man hat die Freude die wilden Thiere vier- bis fünfhundert Schritt langsam zwischen der Hecke und dem Fluß fortschreiten und in der nächsten Öffnung verschwinden zu sehen. Während wir 74 Tage lang auf einer wenig unterbrochenen Flußschifffahrt von 380 geographischen Meilen auf dem Orinoco, bis seinen Quellen nahe, auf dem Cassiquiare und dem Rio Negro in ein enges Canot eingesperrt waren, hat sich uns an vielen Punkten dasselbe Schauspiel wiederholt; ich darf hinzusetzen: immer mit neuem Reize. Es erscheinen, um zu trinken, sich zu baden oder zu fischen, gruppenweise Geschöpfe der verschiedensten Thierclassen: mit den großen Mammalien vielfarbige Reiher, Palamedeen und die stolz einherschreitenden Hoffohühner (Crax Alector, C. Pauxi). »Hier geht es zu wie im Paradiese, es como en el Paraiso«: sagte mit frommer Miene unser Steuermann, ein alter Indianer, der in dem Hause eines Geistlichen erzogen war. Aber der süße Friede goldener Urzeit herrscht nicht in dem Paradiese der amerikanischen Thierwelt. Die Geschöpfe sondern, beobachten und meiden sich.

Menno Schilthuizen

Vorstadt

Sie ist von makelloser Gestalt. Ein feinmechanisches Wunderwerk, fix und fertig hergerichtet für sein kurzes Gastspiel auf dieser Welt. Die hauchdünnen, noch fransenlosen Flügel liegen sorgsam gefaltet auf dem kaum merklich atmenden Hinterleib. Ihre sechs gelenkigen, grazil auf die staubige Wand platzierten Beine sind in tadellosem Zustand – jedes zeigt einen kompletten Satz von neun Abschnitten, der noch nicht durch die Kollision mit den Rotorblättern eines Ventilators oder durch die Begegnung mit den Vorderklauen einer Springspinne dezimiert wurde. Die goldgelbborstige Brust ist ein kleines Juwel von einem Kraftwerk, das die geballte Energie der Flugmuskulatur in sich birgt. Sie entzieht mit ihrer schlichten Masse dem Blick des Beobachters fast das unbewegte Gesicht, hinter dem ein Miniaturgehirn die Eingangs- und Ausgangskanäle der Fühler, die Taster und Komplexaugen sowie die im Stech- und Saugrüssel miteinander arbeitenden acht Mundwerkzeuge koordiniert.

Ich stehe im Menschengewimmel eines überhitzten Verbindungsflurs im Bahnhof Liverpool Street der Londoner

U-Bahn. Meine Brille in der Hand und die Nase an die gekachelte Wand gedrückt, bewundere ich dieses frisch geschlüpfte Prachtexemplar der hier unten heimischen Stechmücke *Culex pipiens molestus*. Langsam komme ich zurück aus meiner entomologisch-träumerischen Entrücktheit. Nicht nur dank der gehetzten Passanten, die mit einem jähen, eher vorwurfsvollen als apologetischen »'tschuldigung« auf den Lippen einen Schlenker vollziehen und in letzter Sekunde an dem Zusammenprall mit mir vorbeischrammen; sondern auch, weil ich mit Unbehagen die Überwachungskameras an der Decke registriere und mich daraufhin der wiederholten Durchsage entsinne, in der die Londoner Verkehrsbehörde ihre Fahrgäste dazu auffordert, jedwedes verdächtige Verhalten an das Bahnpersonal zu melden.

Biologen sehen im innerstädtischen Pflaster nicht gerade den geeignetsten Boden für ihre berufliche Betätigung. Zu den ungeschriebenen Regeln der Zunft gehört es, eine dahin gehende Anregung mit der mürrischen Bemerkung abzuwehren, Städte seien doch nur notwendige Übel und die Zeit, die er dort zu verbringen habe, begrenze ein richtiger Biologe auf das unvermeidliche Minimum. Die wirkliche Welt liege außerhalb des städtischen Bereichs, in Gebirgen und Niederungen, Wald und Feld. Wo die wilden Kerle wohnen.

Aber wenn ich ehrlich sein soll, muss ich eine heimliche Liebe zu Städten gestehen. Liebe nicht so sehr zu ihren bis ins Letzte durchgeplanten Teilen, die wie geleckt anmuten und wie geschmiert funktionieren. Sondern eher zu ihrem schmuddeligen organischen Unterbau, der in Winkeln in

Erscheinung tritt, die man gerne übersieht, dort, wo der Teppich der Kultur vollends abgewetzt ist und zerfasert. Es ist eine Liebe zum Bauch der Stadt, wo das Artifizielle und das Natürliche sich begegnen und ökologische Beziehungen zueinander eingehen. Ihrer hektischen Betriebsamkeit und ihrem ganz und gar naturfernen Erscheinungsbild zum Trotz, wird die Innenstadt für mein Biologenauge zu einem Arrangement von Mini-Ökosystemen. Selbst hier, in diesen scheinbar sterilen, durchweg von Ziegelstein- und Betonbauten flankierten Straßen des Stadtbezirks Bishopsgate, entdecke ich Lebensformen, die mit hartnäckigem Trotz ihren Platz behaupten. Hier ein Löwenmäulchen, dessen Blüten in wilder Fülle aus einem dahinter nicht mehr wahrnehmbaren Spalt in der verputzten Seitenwand einer Fußgängerbrücke sprießen. Dort die rege Chemie von Zement und sickerndem Abwasser, die schmutzig weiße, glasartige Zapfen gebiert, welche sich dann Radweberspinnen als Verankerungspunkte für ihre rußbesudelten Netze zunutze machen. Smaragdgrüne Moosadern, die sich in den schmalen Lücken zwischen einer zersprungenen Drahtglasscheibe und deren Rahmen ansiedeln, wo sie mit Rostblasen um die Vorherrschaft kämpfen, die durch den Mennigeanstrich vorwärtsdringen. Straßentauben mit wunden Beinen balancieren auf einem Gesims zwischen den dort angebrachten Drahtspitzen. (Direkt darunter hat jemand einen Sticker geklebt, auf dem eine wutschäumende Taube, die Flügel zu Fäusten geballt, verkündet: »Drahtspitzen beschneiden zynisch und repressiv unser Recht auf Versammlungsfreiheit. Der Kampf geht weiter!«) Und eben eine Stechmücke an der Wand eines U-Bahnhof-Verbindungsflurs.

Es ist nicht *irgendeine* Stechmücke. *Culex pipiens molestus* ist auch unter dem Namen *London Underground mosquito*, Londoner U-Bahn-Stechmücke, bekannt. Zu dem kam sie erstens durch das Tohuwabohu, das sie 1940 unter den Londoner Bürgern anrichtete, die im U-Bahnhof Liverpool Street, auf den Bahnsteigen und Gleisen der Central Line, Schutz vor den deutschen Bombenangriffen suchten. Und zweitens dank dem Interesse, das die Genetikerin Katharine Byrne von der University of London in den 1990er-Jahren für diese Plagegeister entwickelte. Byrne begleitete Wartungsmannschaften bei ihren täglichen Expeditionen in die Eingeweide des Londoner U-Bahn-Systems. Sie stieg hinab in die tiefsten Tunnelabschnitte, wo ein Wirrwarr von armdicken Stromkabeln das Backsteinmauerwerk behängt, das schwarz ist vom Bremsbackenabrieb der Züge, und rätselhafte Kreide- oder Sprühfarbechiffren oder uralte Emailleschilder an der Wand die einzigen Hinweise auf den Aufenthaltsort geben. Hier unten lebt und vermehrt sich *Culex pipiens molestus*. Sie stiehlt das Blut der Pendler und legt ihre Eier in Wasser ab, das sich in Vertiefungen und Hohlräumen sammelt. Daraus holte sich Byrne Larven der Stechmücke.

An sieben verschiedenen Stellen der Central, der Victoria und der Bakerloo Line zog sie Proben larvenhaltigen Wassers, deponierte diese in ihrem Labor, wartete, bis die Larven sich zu ausgewachsenen Mücken (gleich derjenigen, die ich an der Flurwand gesehen habe) entwickelt hatten, und extrahierte diesen Proteine für Genanalysen. Vor 20 Jahren erlebte ich mit, wie sie auf einer Tagung in Edinburgh ihre Ergebnisse präsentierte. Obwohl ihre Zuhörerschaft aus erfahrenen Evolutionsbiologen bestand, schaffte sie es, uns alle mitzureißen.

Die Mückenbevölkerungen jener drei U-Bahnlinien waren genetisch verschieden voneinander. Das lag, wie wir von Byrne erfuhren, daran, dass die Linien nahezu getrennte Welten bilden, wobei die Mückenschwärme der einzelnen Linien durch die ständige, kolbenartige Hin-und-her-Bewegung der Züge in den eng bemessenen Röhren immer wieder um- und umgerührt und durcheinandergewirbelt werden. Zu einer Genmischung könnten es Stechmücken der Central, der Bakerloo und der Victoria Line nur dann bringen, so Byrne, wenn »sie jeweils allesamt auf dem Bahnhof Oxford Circus«, dem Kreuzungspunkt der drei Linien, »umstiegen«. Doch nicht nur voneinander unterschieden sich die Mückenbevölkerungen der einzelnen U-Bahnlinien. Sie unterschieden sich auch von ihren oberirdischen Verwandten. Nicht nur in den Proteinen, sondern auch in ihrer Lebensweise. Oben auf Londons Straßen nähren sich die Stechmücken nicht von Menschen-, sondern von Vogelblut. Sie brauchen ein Blutmahl, bevor sie ihre Eier ablegen können, sie paaren sich in großen Schwärmen, und sie verbringen den Winter in Kältestarre in einem geeigneten Quartier. Unten in den Röhren saugen die Mücken Pendlerblut und legen Eier ab, ohne zuvor gespeist zu haben; zur Stillung ihrer sexuellen Lust bilden sie keine Paarungsschwärme, sondern erledigen das Geschäft in engen, beschränkten Räumen; und sie sind das ganze Jahr über aktiv.

Seit Byrne ihre Arbeit publiziert hat, ist klar geworden, dass das Vorkommen von *Culex pipiens molestus* nicht auf London beschränkt ist. Sie ist in U-Bahnen, Kellerräumen und Zisternen auf der ganzen Welt zu Hause, und sie hat ihre Verhaltensformen ihrer menschengemachten Umwelt angepasst. Durch Exemplare, die in Automobile oder Flugzeuge geraten und dort eingeschlossen werden, verbreiten sich ihre Gene von Stadt zu Stadt. Gleichzeitig kreuzt sie sich mit örtlichen überirdischen Stechmücken und nimmt auch aus dieser Quelle Gene auf. Außerdem ist klar geworden, dass all dies, historisch gesehen, ein sehr, sehr junges Geschehen ist – die Evolution der Gemeinen Stechmücke *Culex pipiens pipiens* zur *Culex pipiens molestus* vollzog sich wahrscheinlich erst, seitdem unsereins mit der Konstruktion unterirdischer Großbauten begann. In jenem gedrängt vollen Verbindungsflur im Bahnhof Liverpool Street ein letztes Mal meine eigene Londoner U-Bahn-Stechmücke musternd, stelle ich mir vor, welche unsichtbaren Abwandlungen die Evolution in diesem winzigen, fragilen Körper vollbracht hat. Proteine in den Fühlern haben die Zusammensetzung gewechselt, sodass die Mücken auf menschliche Ausdünstungen anstelle von Vogelgerüchen reagieren. Gene, die ihre innere Uhr steuern, wurden neu eingestellt oder ganz abgeschaltet, um das Insekt von der Winterruhe abzuhalten, weil ihm im Untergrund ja immer Menschenblut zur Verfügung steht und es dort auch nie besonders kalt wird. Und führen Sie sich einmal vor Augen, welche komplexen Umstellungen im Erbgut notwendig waren, um einen Wechsel des Sexualverhaltens zu ermöglichen! Von einer Art, wo die Männchen im Freien große Schwärme bilden, in die die Weibchen auf der Suche nach einem Paarungspartner einfliegen, zu einer, bei der die Paarung während Eins-zu-eins-Begegnungen in engen Räumen stattfindet, wo die dünn gesäten Untergrund-Mücken zufällig aufeinandertreffen.

Die Evolution der Londoner U-Bahn-Stechmücke reizt unsere kollektive Fantasie. Warum weckt sie eine solche Wissbegier in uns, und warum erinnere ich mich nach all den langen Jahren noch so lebhaft an Katharine Byrnes Präsentation? Nun, erstens hat man uns beigebracht, dass die Evolution ein langsamer Prozess sei, der im Verlauf von Millionen Jahren unmerklich Arten bastle – nichts, was innerhalb einer so kurzen Zeitspanne wie der menschheitlichen Stadtgeschichte stattfinden könne. Die Genealogie der *Culex pipiens molestus* hingegen macht unmissverständlich klar, dass Evolution nicht einzig eine Sache von Dinosauriern ist oder allein in der Dimension erdgeschichtlicher Epochen stattfindet. Sie ist tatsächlich hier und jetzt zu beobachten! Zweitens bekommen wir eine Ahnung davon, welch gravierende Auswirkungen unser Handeln auf die Umwelt hat: »Wilde« Tiere und Pflanzen passen sich Lebensräumen an, die ursprünglich von Menschen für Menschen geschaffen wurden. Diese Ahnung bringt uns zu Bewusstsein, dass die Wandlungen, die wir der Erde aufzwingen, irreversibel sind.

Und drittens spitzen wir die Ohren, wenn wir von der Londoner U-Bahn-Stechmücke hören, weil sie uns ein solch aparter Zuwachs im gewöhnlichen Tätigkeitsfeld der Evolution zu sein scheint. Uns allen ist bekannt, dass die Evolution das Federkleid von Paradiesvögeln in fernen Urwäldern oder die Beschaffenheit von Orchideen auf hohen Berggipfeln bis zur Vollkommenheit gestaltet. Indes ist die Prozedur augenscheinlich etwas so Banales, dass es ihrer

Bedeutsamkeit keinen Abbruch tut, wenn sie ihr Werk auch direkt unter unseren Füßen betreibt, zwischen den schmutzigen Stromkabeln des städtischen U-Bahnnetzes. Was für ein schöner, einmaliger, unmittelbar aus dem Alltagserleben gegriffener Beispielfall! So etwas wünscht man sich in einem Biologiebuch zu finden.

Was aber, wenn der Vorgang gar kein Ausnahmefall mehr ist? Was, wenn die U-Bahn-Stechmücke stellvertretend für die gesamte Fauna und Flora steht, die mit dem Menschen und menschengemachten Umweltbedingungen in Berührung kommt? Was, wenn der Druck, den wir auf die Ökosysteme der Erde ausüben, inzwischen so stark geworden ist, dass das Leben auf der Erde dabei ist, Mittel und Wege zur Anpassung an einen ganz und gar urbanen Planeten zu entwickeln?

Im Jahr 2007 kippte ein in globaler Sicht hochbedeutsames statistisches Verhältnis: Erstmals in der Geschichte übertraf die Gesamtzahl der Bewohner städtischer Räume die der Bewohner ländlicher Räume. Seitdem steigert sich dieser zahlenmäßige Gegensatz rapide. Mitte des 21. Jahrhunderts werden zwei Drittel der geschätzten 9,3 Milliarden Erdbewohner in Städten leben. Wohlgemerkt: Das gilt für die Welt im Ganzen. In Westeuropa leben schon seit 1870 mehr Menschen in Städten als auf dem Land, und in den USA wurde dieser Wendepunkt 1915 erreicht. Erdgebiete wie Europa und Nordamerika sind schon länger als ein Jahrhundert strammen Schrittes auf dem Weg, urbane Kontinente zu werden. Eine in jüngerer Zeit in den USA durchgeführte Studie brachte zutage, dass der durchschnittliche Abstand zwischen einem beliebigen Punkt auf der

Landkarte und dem nächsten Wald Jahr für Jahr ungefähr um 1,5 Prozent zunimmt. Nie zuvor in der ganzen Erdgeschichte war eine einzelne Lebensform dermaßen dominant wie heute der *Homo sapiens.* »Und was ist mit den Dinosauriern?«, fragen Sie jetzt vielleicht. Aber die Dinosaurier waren eine ganze Gruppe oder, wie es die Biologie nennt, eine ganze Klade, mit wahrscheinlich Tausenden Arten. Die Dominanz dieser mehr als tausend Dinosaurierarten mit der einzelnen Art *Homo sapiens* zu vergleichen wäre so, als würde man sämtliche selbstständigen Gemüsehändler der Welt mit der auf dem gesamten Globus vertretenen britischen Supermarktkette Tesco vergleichen. Nein, in ökologischer Beziehung hat die Welt bisher zu keinem Zeitpunkt die Lage erlebt, in der wir uns heute befinden: dass eine einzelne Tierart den Planeten voll und ganz überwuchert und zum eigenen Vorteil nutzt. Zurzeit verbraucht unsere Spezies ein volles Viertel aller pflanzlichen Nahrung, dazu die Hälfte des weltweiten Frischwasserabflusses. Auch das ist wieder etwas noch nie Dagewesenes: Keine andere von der Evolution geschaffene Spezies brachte es je zu einer derart zentralen ökologischen Rolle von solch weltumspannender Reichweite.

Mithin wird die Welt voll und ganz vom Menschen dominiert. Spätestens 2030 wird nahezu ein Zehntel der Landmasse des Planeten urbanisiert und der Rest zum großen Teil mit Farmen, Weiden und Plantagen überzogen sein, die der Mensch gestaltet hat. Alles in allem zeigt sich ein Mosaik von Lebensräumen, wie es die Natur nie zuvor gekannt hat. Und trotzdem, wann immer wir Biologen über die Ökologie und die Evolution, über Ökosysteme und die

Natur sprechen, klammern wir den Faktor Mensch hartnäckig aus und konzentrieren unsere Aufmerksamkeit kurzsichtig auf jenen schwindenden Bruchteil von Lebensräumen, wo menschlicher Einfluss eine *quantité négligeable* ist. Oder wir bemühen uns nach besten Kräften, die Natur so zu betrachten, als ob sie unter einer Art Glasglocke stände, unbehelligt von irgendwelchen abträglichen Einwirkungen der – so die stillschweigende Annahme – *naturfernen* Menschenwelt.

Eine solche Einstellung lässt sich nicht länger aufrechterhalten. Es ist Zeit, sich einzugestehen, dass menschliches Handeln die einflussreichste ökologische Kraft auf der ganzen Welt ist. Wir sind, ob es uns passt oder nicht, an allem, was auf diesem Planeten passiert, voll beteiligt. Nur in Höhenflügen romantischer Fantasie kann es uns noch gelingen, Natur und menschliche Umwelt als getrennte Welten wahrzunehmen. Draußen in der realen Welt umklammern unsere Tentakel das Material der Natur. Wir bauen Städte voller neuartiger architektonischer Konstruktionen aus Stahl und Glas. Wir gestalten Wasserläufe zu Bewässerungskanälen um, wir verunreinigen sie, stauen sie; wir mähen, spritzen und düngen Felder. Wir blasen Treibhausgase in die Atmosphäre, die eine Veränderung des Klimas bewirken; wir setzen standortfremde Pflanzen (Neophyten) und Tiere (Neozoen) aus, fangen Fische, jagen Wild und fällen Bäume für unsere Ernährung und andere Bedürfnisse. Jede nichtmenschliche Lebensform auf Erden wird einmal direkt oder indirekt mit Menschen in Kontakt kommen. Und meist bleiben solche Begegnungen nicht folgenlos für den fraglichen Organismus. Sie können sein Leben oder seine Lebensweise gefährden. Sie können aber auch neue Möglichkeiten, neue Nischen eröffnen. So, wie sie es für die Vorfahren von *Culex pipiens molestus* taten.

Was macht nun die Natur, wenn sie vor Herausforderungen steht und sich ihr Möglichkeiten bieten? Sie entwickelt sich weiter – sie ›evolviert‹. Wenn irgend möglich, ändert sie sich – sie passt sich an. Je stärker der Druck, dem sie ausgesetzt ist, desto schneller und tiefgreifender tut sie das.

Emanuele Coccia

Der Atem der Welt

Nicht allein in der Antike galt der Atem als transzendentale Einheit der Welt und als Beweis, dass sie als solche eine lebendige Realität ist. In einem unveröffentlichten Fragment schrieb Isaac Newton: »Damit ähnelt diese Welt einem großen Tier oder eher einer nicht beseelten Pflanze, die ätherischen Atem einsaugt zur täglichen Erfrischung und als Triebmittel des Lebens und ihn in großen Stößen wieder ausströmen lässt.«

Doch es dauerte noch bis zur jüngeren Debatte um die Gaia-Hypothese, bis der Atmosphäre die lebendige Einheit der Welt zuerkannt wurde, der Beweis, dass die Erde vom Leben determiniert wird. Eine ihrer ersten Ausformulierungen in dem Artikel, den Lovelock und Margulis 1974 in der Zeitschrift ›Icarus‹ publizierten, nennt die schiere Existenz der Atmosphäre als Beweis für eine »Homöostase planetaren Ausmaßes«, da »das Leben den Energie- und Massefluss auf der Erdoberfläche bestimmt hat«. Die Atmosphäre ist der Lebenshauch, der die Erde in ihrer Gesamtheit animiert.

Der Gedanke ist alles andere als neu. Wahrscheinlich als

Erster definierte Lamarck den atmosphärischen und klimatischen Raum als dynamischen Ort der wechselseitigen Verbindung von Materie und Leben, von Welt und Subjektivität. Die Abhandlung, die er unter dem Titel ›Hydrogeologie‹ der Erforschung dieses Grenzraums widmet, beginnt mit dieser Frage: »Welchen Einfluss haben die belebten Körper auf die Stoffe, die sich auf der Oberfläche der Erdkugel befinden und die Rinde bilden, von welcher sie umgeben ist; und welches sind im Allgemeinen die Folgen dieses Einflusses?« Die Möglichkeit, die oberste Schicht der Erdkruste und die Gesamtheit der gasförmigen und flüssigen Materie, die den Planet bedecken, als riesiges Fluidum zu denken, in dem das Sein zirkuliert, speist sich aus der Entdeckung, dass »die zusammengesetzteren Mineralkörper von jeder Gattung und Art, welche die äussere Erdrinde ausmachen, und hier bald abgesonderte Haufen, bald Erzgänge, bald parallele Schichten u. dgl. ausserdem Ebenen, Hügel, Thäler und Berge bilden, ausschliesslich die Producte der Thiere und Pflanzen sind, welche an diesen Stellen der Erdoberfläche gelebt haben«. Diese Einheit wird laut Lamarck vom Aggregatzustand bewirkt, und die Existenz der Formen aller oberflächiger Materie lässt sich direkt oder indirekt begründen mit den organischen Fähigkeiten der Lebewesen. Wie er bereits in seinen *Memoiren* geschrieben hatte: »Alle Verbindungen, die wir auf unserer Erde beobachten, sind entweder direkt oder indirekt den organischen Fähigkeiten der mit Leben begabten Wesen geschuldet. Diese Wesen nämlich bilden all ihre Materien, und sie besitzen die Fähigkeit, selbst ihre eigene Substanz aufzubauen, und um diese aufzubauen, hat ein Theil von ihnen (die Pflanzen) die Fähigkeit, die ursprünglichen Verbindungen zu bilden, die sie ihrer Substanz angleichen.« Und dabei geht es hier nicht einfach nur um den Einfluss auf die chemische Zusammensetzung. Die Gegenwart der Lebewesen beschränkt sich nicht darauf, die Aggregation der Materie zu bestimmen, sondern definiert auch ihren Zustand. Die Welt existiert nur da, wo es Lebendiges gibt. Und die Gegenwart des Lebens verwandelt ihrerseits die Grundnatur des Raums.

Diese Bewegung wirkt gegenläufig zu der, die Lamarck in seiner ›Zoologischen Philosophie‹ beschreibt: Es ist nicht mehr am Lebendigen, sich den Umweltbedingungen anzupassen, den *circumfusa* der neohippokratischen Medizin, sondern die Umwelt in ihrer Gesamtheit wird zum Echo, zum Widerschein, zum Nimbus der Masse der Lebewesen. Zu ihrer Atmosphäre.

Auch das Gegenteil trifft zu: Atmosphärisch verbunden mit dem, was uns umgibt, sind wir auch deshalb, weil die Atmosphäre selbst beständig das Lebendige zeugt. Zu diesem Schluss kommt eine der ersten Analysen über die chemischen Beziehungen zwischen Leben und Umwelt, dem *Essai de statique chimique* von Dumas und Boussingault aus dem Jahr 1844. Die Autoren gehen von der Feststellung aus, dass die Pflanzen »in jedem Punkt genau umgekehrt« funktionieren wie die Tiere: »Während das Tierreich einen unermesslichen Verbrennungsapparat darstellt, stellt dagegen das Pflanzenreich einen unermesslichen Reduktionsapparat dar.« Dass sie so perfekt ineinandergreifen, ist weder einfach der Zusatzeffekt einer im Voraus geregelten Harmonie noch das Ergebnis des göttlichen Wirkens, das sich in der natürlichen Ökonomie ausdrückt, sondern die Folge aus der Tatsache, dass das Leben der Pflanzen und Tiere vollständig von der Atmosphäre abhängt: »Was die einen der Luft geben, entnehmen die anderen der Luft, sodass man, wenn man diese Tatsachen vom höchsten Standpunkt der globalen Physik aus betrachtet, sagen müsste, dass in Bezug auf ihre tatsächlich organischen Elemente die Pflanzen, die Tiere sich von der Luft ableiten, nichts sind als *kondensierte Luft*. [...] Die Pflanzen und Tiere kommen also von der Luft und kehren in sie zurück; sie sind echte Ableger der Atmosphäre. Die Pflanzen entnehmen also unablässig der Luft, was die Tiere ihr zufügen.« Wir bewohnen nicht die Erde, wir bewohnen die Luft durch die Atmosphäre. Wir sind in sie eingetaucht, genau wie der Fisch ins Wasser eingetaucht ist. Und was wir Atmung nennen, ist nichts als die Bewirtschaftung der Atmosphäre.

Zu versuchen, die beiden Bewegungen zu verbinden – die von den Lebewesen zur Umwelt und die von der Umwelt zum Lebendigen –, bedeutet, die Atmosphäre als ein System oder einen Raum zu denken, in dem Leben, Materie und Energie zirkulieren. Diesen radikalen Ansatz verfolgt der russische Naturforscher Wladimir Wernadski. Er räumt ein, dass »die Atmosphäre keine unabhängige Lebensregion« ist, sondern tatsächlich ein Ausdruck des Lebens. So haben die grünen Pflanzen ein neues, transparentes Medium für das Leben erschaffen, die Atmosphäre: Das Leben schafft den freien Sauerstoff auf der Erdkruste, aber auch das Ozon, das die Biosphäre vor der schädlichen Kurzwellenstrahlung der Himmelskörper schützt.« Umgekehrt konstituiert sich das Leben aus der Atmosphäre heraus: »Die lebendige Materie baut die Körper der Organismen aus den atmosphärischen Gasen wie Sauerstoff, Kohlendioxid und Wasser im Zusammenspiel mit Stickstoff- und Schwefelverbindungen, indem sie diese Gase zu brennbaren Flüssigkeiten und Feststoffen umbaut, die die kosmische Sonnenenergie aufnehmen.« Als Biosphäre bezeichnet Wernadski »die äußere Erdschicht«, die er nicht nur als materielle Region bezeichnet, sondern vor allem als »Energieregion und als Quell für die Transformation des Planeten. Die kosmischen Kräfte verändern das Gesicht der Erde, und als Ergebnis unterscheidet sich die Biosphäre historisch von den anderen Teilen des Planeten.«

Reiner Kunze

Zuflucht noch hinter der Zuflucht

(Für Peter Huchel)

Hier tritt ungebeten nur der wind durchs tor

Hier
ruft nur Gott an

Unzählige leitungen läßt er legen
vom Himmel zur erde

Vom dach des leeren kuhstalls
aufs dach des leeren schafstalls
schrillt aus hölzerner rinne
der regenstrahl

Was machst du, fragt gott

Herr, sage ich, es
regnet, was
soll man tun

Und seine antwort wächst
grün durch alle fenster

3

GOTT UND GLAUBE

Was können wir über Gott sagen? Nichts.
Was können wir Gott sagen? Alles.

Marina Zwetajewa

Seneca

Der Gott in uns

Ich wüßte nichts Besseres und Heilsameres für dich, als daß du, wie du schreibst, beharrest in deinem Streben nach sittlicher Vervollkommnung, die zum Gegenstand des Wunsches zu machen Torheit ist, da es ganz von uns selbst abhängt, sie zu erreichen. Man tut nicht gut, die Hände zum Himmel zu erheben und den Tempelhüter anzuflehen, uns unmittelbar an das Ohr des Götterbildes herantreten zu lassen, als könnten wir uns dadurch höheren Anspruch auf Erhörung unseres Gebetes verschaffen: Gott ist dir nahe, er ist bei dir, ist in dir. Glaube mir, mein Lucilius, es wohnt in uns ein heiliger Geist, ein Beobachter und Wächter alles dessen, was sich in uns von Schlechtem und Gutem findet. Dieser verfährt mit uns ebenso wie wir mit ihm. Niemand ist ein guter Mensch ohne Gott. Oder könnte sich einer über das Schicksal erheben anders als durch seine Hilfe? Ihm verdanken wir alle unsere hochherzigen und erhabenen Entschlüsse. In jedem guten Menschen »wohnt ein Gott, ob der oder der«.

Führt dich dein Weg einmal zu einem Walde mit einem dichten Bestand alter und über das gewöhnliche Maß hinausragender Bäume, die durch das vielfältige Ineinandergreifen der sich übereinanderdrängenden Äste den Himmel verschleiern, so wird die Erhabenheit dieses Waldes, das Geheimnisvolle der Örtlichkeit, das Wunderbare dieses dichten ununterbrochenen Schattenbereiches nicht verfehlen, den Glauben an göttliches Walten in dir zu wecken. Triffst du auf eine Grotte, die sich tief in das über ihr schwebende Felsgebirge hineinzieht, nicht von Menschenhand gemacht, sondern durch Naturkräfte in so auffallender Ausdehnung geschaffen, so wirst du in deinem Innern eine gewisse Ahnung des Göttlichen spüren. Die Quellstätten großer Flüsse sind uns heilig. Wo überraschend – wir wissen nicht woher – ein gewaltiger Strom hervorbricht, da sind Altäre errichtet. Heiße Quellen sind ein Gegenstand der Verehrung, und manche stehenden Gewässer haben eine gewisse Weihe empfangen durch ihre schattige Umgebung oder durch ihre unergründliche Tiefe. Siehst du einen Mann, den keine Gefahr schreckt, der keiner Begierde zugänglich, glücklich inmitten von Widerwärtigkeiten, ruhig im Toben des Sturmes ist, der sich der Göttlichkeit näher fühlt als dem Menschentum, wirst du den nicht mit Ehrfurcht betrachten? Wirst du nicht sagen: »Eine solche Seelenverfassung ist zu hoch und zu erhaben, als daß man sie sich vereinbar denken könnte mit einem so armseligen Körper?« Es ist eine göttliche Kraft, die sich auf sie niedergelassen hat. Es ist eine himmlische Macht, die diesem erhabenen und maßvollen Gebet als Triebkraft innewohnt, die sich allem Irdischen weit überlegen fühlt und über alles lächelt, was wir fürchten und wünschen. Ein so hoher Geistesflug kann nicht ohne göttliche Beihilfe bestehen. Ein Geist dieser Art ist also seinem besseren Teile nach da, von wannen er herniedergekommen ist. Wie die Strahlen der Sonne zwar die Erde berühren, aber dort wurzeln, von wo sie zu uns kommen, so steht eine große, heilige und zur Förderung unserer Erkenntnis des Göttlichen herabgesandte Seele zwar in Verkehr mit uns, verliert aber doch nie den festen Zusammenhang mit ihrer Ursprungsstätte: Von dort erhält sie ihre bestimmende Richtung, dorthin ist ihr Streben gerichtet, mit uns verkehrt sie nur als eine Art höheres Wesen.

Und diese Seele, welche wäre sie denn? Keine andere als die, die ihren Glanz nur durch das ihr selbst entstammende Gute erhält. Denn was wäre törichter, als an einem Menschen zu loben, was er nicht sich selbst verdankt? Ist es nicht geradezu verrückt, das zu bewundern, was im Handumdrehen auf einen anderen übergehen kann? Goldene Zügel machen ein Pferd nicht besser. Anders tritt im Zirkus ein Löwe auf mit vergoldeter Mähne, der durch das fortwährende Streicheln und durch die Bemühungen derer, die ihm den Goldschmuck aufzuzwingen haben, matt gemacht worden ist, anders ein ungeschmückter, der noch im vollen Besitz seiner feurigen Kraft ist; denn dieser, kühn und draufgängerisch, wie ihn die Natur gewollt hat, herrlich zu schauen gerade in seiner Wildheit, dessen Schmuck es ist, daß man ihn nicht ohne ein Gefühl des Schauderns ansehen kann, wird jenem abgematteten mit Goldflitter behangenen entschieden vorgezogen. Niemand soll sich etwas zugute tun auf etwas, was nicht ihm gehört. Wir loben den Weinstock, wenn er die Schößlinge mit Frucht belastet, wenn er durch die Last seines Ertrages die Rebpfähle niederbeugt. Wer würde dem einen Weinstock vorziehen, an dem goldene Trauben, goldene Blätter hängen? Des Weinstocks eigener Vorzug ist seine Fruchtbarkeit; so ist auch am Menschen nur das zu loben, was wirklich sein Eigentum ist. Er hat eine Dienerschaft, die sich sehen lassen kann, er hat ein schönes Haus, viel Fruchtland, viel Geld zum Ausleihen; aber nichts von alledem ist in ihm selbst, er hat es nur um sich. Lobwürdig in ihm ist nur, was ihm nicht genommen, nicht gegeben werden kann. Und dies, was ist es? Der Geist und die in dem Geist zur Reife gelangte Vernunft. Denn der Mensch ist ein vernünftiges Geschöpf. Sein Vorzug erreicht also seine Vollendung, wenn er seine Bestimmung erfüllt. Was ist es aber, was eben diese Vernunft von ihm fordert? Eine Sache, an sich leichter als jede andere: seiner Natur gemäß zu leben. Aber eben sie wird überaus erschwert durch die allgemeine Torheit: Wir drängen einander uns gegenseitig auf den Weg zum Laster. Welche Möglichkeit aber gibt es, die Leute wieder auf den Heilsweg zurückzubringen, die niemand zurückhält, während die große Menge sie mit sich fortreißt?

Gerald Benedict

Können wir verstehen, was »Gott« bedeutet?

Als größtes Hindernis steht unserem Verständnis, was oder wer »Gott« sei, der Begriff an sich entgegen. Er bedeutet quer durch alle religiösen Traditionen und Kulturen für unzählige Menschen so viele unterschiedliche Dinge, dass er letztlich bedeutungslos ist. Für Atheisten ist der Begriff »Gott« sinnlos, weil er eine Vorstellung ausdrückt, für die es in der Realität keine nachprüfbare Entsprechung gibt. Überraschenderweise meinte der Religionsphilosoph Martin Buber, der Atheist, der aus seiner Dachluke blicke, sei Gott oft näher als der Gläubige, der in einem falschen Bild von Gott befangen sei. Angesichts all der irrigen Vorstellungen, gewundenen Erklärungen in der Glaubenslehre, der theologischen Klimmzüge und des philosophischen Schwadronierens kommt der Gebrauch des Wortes »Gott«, wenn man damit etwas Wesentliches sagen will, fast einer Gotteslästerung gleich. Nach Bubers Ansicht ist »Gott« das »beladenste aller Menschenworte. Keines ist so besudelt, so zerfetzt worden«. Er meinte, das Wort sei so sehr entstellt worden, dass das eine »Gottesfinsternis« heraufbeschworen habe. Dennoch eben deshalb wolle er nicht darauf verzichten.

Der Theologe und Religionsphilosoph Paul Tillich kam der Bedeutung des Wortes »Gott« näher als viele andere mit seiner Auffassung, dass er unseren »Seinsgrund« darstelle. So wird zumindest versucht, dem Begriff etwas zurückzugeben, das jedermann teilen kann, eine gemeinsame Grundlage, auf der sich weiteres aufbauen lässt. Das Problem liegt darin, dass die Geschichte hindurch wegen der subtilen und grundlegenden Unterscheidungen, auf denen die Theologen ihre gegensätzlichen Gotteskonstrukte errichteten, Glaubenskriege geführt, Missionen gestartet und Inquisitionsverfahren geführt wurden, die Leiden und Tod über die Menschheit brachten. Wenn wir diese verschiedenen Auffassungen davon, wer oder was Gott sei, betrachten, erkennen wir unschwer, dass wir Gott nach unserem Ebenbild geschaffen haben. Viele verstehen an diesem Punkt die Frustration des Schriftstellers Rudyard Kipling: »Die Drei in Einem, der Eine in Drei? Nichts da! Ich gehe zu meinen eigenen Göttern. Womöglich behagen sie mir mehr als euer kalter Christus und eure verworrene Dreifaltigkeit.«

Es ist unwahrscheinlich, dass wir uns den Begriff »Gott« in einer Gesellschaft, in der mehrere Religionen und Kulturen koexistieren, auf sinnvolle Weise zurückerobern können. Wir können wohl nie zu einem Konsens gelangen, der die Hoffnung nährte, dass wir über denselben Gegenstand reden. Dies wäre wohl auch gleichgültig, wenn so manche Religion ihr Mandat zur »Evangelisierung«, also die Vorstellung aufgeben würde, dass alle überzeugt werden müssen, sich einer ganz bestimmten orthodoxen Vorstellung von Gott anzuschließen. Zu Recht hob der römisch-jüdische Historiker Flavius Josephus mit einer für seine Zeit und seinen

Glauben erstaunlichen Offenheit hervor, dass »jeder Gott nach seinen Vorlieben verehren sollte, ohne dass auf ihn Zwang ausgeübt wird«. Menschen folgen sogar innerhalb der traditionellen Strömungen der Religion ihren persönlichen Vorlieben. Dies würde auch dann noch gelten, wenn wir einen liberalen Konsens darüber erzielten, was das Wort »Gott« bedeutet. Auch innerhalb jeder Religionsgemeinschaft bliebe diese Bedeutung etwas Subjektives und Persönliches.

Es heißt oft, wenn wir das Wort »Gott« gebrauchen, reden wir alle in jedem Fall doch über denselben Gegenstand, denn sein großes und sogar widersprüchliches Bedeutungsspektrum liefe doch auf den einen Glauben hinaus, wonach im Kern von allem ein »unbewegter Beweger«, eine »erste Ursache« (so die antiken Philosophen), eine »Lebenskraft«, ein Schöpfer und Erhalter von allem stehe.

Gibt es einen Gott?

Was mit diesem Begriff auch gemeint ist, die oben stehende Erörterung setzt voraus, dass es Gott irgendwie gibt. Diese ewige Debatte um die Existenz Gottes geriet in jüngerer Zeit mit dem Erscheinen von Richard Dawkins Buch ›Der Gotteswahn‹ wieder stärker in den Fokus. Diejenigen, die der Ansicht sind, dass es Gott nicht gibt, verweisen darauf, dass für das Dasein irgendeines höheren Wesens, insbesondere des Schöpfergottes der Bibel, keinerlei nachprüfbarer Beleg vorliege. Heutzutage haben sich die Evolutionsbiologie und die Astrophysik das Konzept Gottes insofern einverleibt, als sie befriedigend jene Anstöße erklären, die einst der göttlichen Allmacht zugeschrieben wurden. Voltaire verkündete bekanntermaßen: »Wenn es Gott nicht gäbe, müsste man ihn erfinden.« Wenn man Gottes Lebenslauf schriebe, so der Gedanke, könnte man die Geburtsstunde des Schöpfers wohl in eine Zeit legen, in der unsere fernen Vorfahren voller Angst und Ehrfurcht und mit dem Bedürfnis nach einem höheren Wesen, das ihnen Beistand leistete, erste Fragen zu der feindlichen Umwelt stellten, in der sie ums nackte Überleben kämpften. Die Vorstellung von einem oder mehreren Göttern, die sich in der Natur manifestierten, diente ihnen als eine Antwort.

Hatten die frühen Menschen ihren primitiven Glaubensformen noch aufrichtig angehangen, so gingen spätere Gebildete die Frage nach der Existenz Gottes eher spielerisch an und sicherten sich dabei nach allen Seiten ab. Blaise Pascal, der französische Philosoph und Mathematiker, schlug in seiner berühmt gewordenen Wette folgendes vor: Auch wenn wir die Existenz Gottes nicht beweisen können, sollten wir uns so verhalten, als existiere er. So hätten wir alles zu gewinnen, aber nichts zu verlieren. Derselben Meinung war Albert Camus: »Ich würde mein Leben lieber leben, als gäbe es Gott, und nach dem Tod feststellen, dass es ihn nicht gibt, als so zu leben, als gäbe es ihn nicht, und nach dem Tod feststellen, dass er doch existiert.«

Der Gedanke, sich mit Blick auf die Existenz Gottes alle Möglichkeiten offenzuhalten, spricht für eine eher unernste Haltung in der Frage. Und die meisten, die sich auf diese Debatte einlassen, empfinden einen Agnostizismus, mit dem man sich in die Hände des Schicksals begibt, eher als unbefriedigend, weil dies ein offenes Denken voraussetzt.

Wenn Menschen sagen: »Ich glaube an Gott«, muss ein Atheist dann glauben, dass sie verblendet seien? Ein Einzelner mit einer Erfahrung, so heißt es, sei nie einem anderen mit einem Argument ausgeliefert. Dies erscheint nur so lange als ein beruhigender Standpunkt, bis wir einen »Beweis« der Richtigkeit dieser Erfahrung verlangen, damit wir an ihr teilhaben können. Vielleicht stellen wir auch immer die falsche Frage, weil »Existenz« möglicherweise als Attribut gar nicht dazu taugt, es dem Göttlichen zuzuschreiben. Anstatt über die Existenz Gottes nachzudenken, sollten wir uns wohl eher fragen, ob uns Gott anstupst, uns etwas zuflüstert oder indirekt unsere Aufmerksamkeit weckt. Der Religionswissenschaftler Rudolf Otto beschrieb das »Numinose«, dieses Gefühl der Unmittelbarkeit »des anderen«, durch das wir spüren, dass uns etwas »berührt« hat, ohne uns sicher zu sein, was es ist. Es kann ästhetisch, ätherisch oder ein erwachender Teil unserer selbst sein. Vielleicht haben wir das Gefühl, dass wir dieses Etwas bequem mit der Vorstellung Gottes gleichsetzen können, auch wenn wir es nur denen mitteilen können, denen es selbst vertraut ist. Obwohl durch Schriften und Glaubensbekenntnisse gut abgesichert, kann ein solch geteilter Subjektivismus die Existenz eines Gottes keineswegs beweisen. Vielleicht liefert uns die Intuition eine verbindende Bestätigung. So hob der wettende Pascal denn auch scharfsinnig hervor: »Das Herz hat seine Gründe, die der Verstand nicht kennt.«

Gerald Benedict

Was ist Glaube?

*G*laube (m): Überzeugtheit ohne Beleg von dem, was jemand behauptet, der ohne ein Wissen von Dingen redet, die ohne Beispiel sind.« Dieser Definition von Ambrose Bierce können wir die des Paulus im neuen Testament hinzufügen: »Glaube aber ist: Feststehen in dem, was man erhofft, überzeugt sein von Dingen, die man nicht sieht.« (Hebr. 11,1–2) Aber Glaube wirkt nicht im luftleeren Raum. Für Jakobus muss er einen praktischen Ausdruck im Leben finden, da »der Glaube ohne Werke nutzlos« und auch nie weit vom Zweifel entfernt sei. Der Psychologe und Philosoph William James meinte sogar, dass »Glaube Überzeugtheit von etwas bedeutet, an dem theoretisch Zweifel möglich sind«. Als Jesus dem Vater des besessenen Jungen versicherte, dass derjenige »alles kann, der glaubt«, rief der verwunderte Mann: »Ich glaube; hilf meinem Unglauben!« (Mk 9, 23–24) Der Theologe Paul Tillich meinte, dass Zweifel den Glauben nicht untergrüben, da wir auf unsere Zweifel vertrauten: Der Glaube schließe sich und den Zweifel an sich selbst mit ein. In diesem Spannungsverhältnis zwischen Glauben und Zweifel leben allerdings viele von uns, ob es um den

Glauben an uns selbst, an andere, ans Göttliche oder an eine Kombination aus diesen Glaubensfragen geht. Glaube und Zweifel brauchen einander: Für sich allein können sie nicht bestehen. Weil Glaube keine Gewissheit ist, sind Zweifel unvermeidlich. Der Zweifel ist einfach eine Art Eingeständnis, dass wir nicht alles verstehen. Er ist unser Kampf mit dem Rationalen. Wie Mahatma Gandhi versicherte: »Glaube muss durch den Verstand gestärkt werden. Wenn Glaube blind wird, stirbt er.«

In der westlichen Religion, die zum Dualismus neigt, steht Glaube dem Verstand entgegen, der eher an den rationalen Humanismus als an die irrationale Spiritualität appelliert. Trotz der Glaubensbekenntnisse, Theologien und Philosophien gibt es keine Muster, keine Landkarten, die den »Weg« eindeutig markieren. Der Dichter Wyston Hugh Auden verwies darauf, dass »das Glaubensverhältnis zwischen Subjekt und Objekt in jedem Fall einzigartig ist. Hunderte können glauben, aber jeder muss für sich selbst glauben.« Für Buddhisten ist der Glaube einer der Sieben Schätze *(Dhanas)*, eine spirituelle Fähigkeit und Kraft und einer der »Vier Ströme des Verdienstes«. Glaube ist das Vertrauen in Buddha als selbsterweckter Lehrer und in seine Lehren zur spirituellen Verwirklichung und Erfüllung. Aber Glaube allein genügt nicht. Er muss rational inspiriert sein, weshalb Buddha seine Anhänger auffordert hinauszuziehen und zu überprüfen, ob seine Lehren richtig sind. Im Buddhismus gilt Glaube als Weg, nicht als Ziel. Und wenn wir dem Weg folgen, wird Glaube durch Wissen ersetzt. »Wenn jemand an den Weg glaubt, ist so ein Weg des Glaubens die Wurzel des Glaubens.«

Fassen wir zusammen: Glaube ist Zuversicht oder das Vertrauen in eine Person oder Idee. Glaube an transzendente Realität, wie sie von den Religionen der Welt definiert wird, ist irrational und beruht auf Annahmen, die sich empirisch nicht überprüfen lassen. Wie Thomas von Aquin sagt: »Für den, der glaubt, ist keine Erklärung möglich.«

Mascha Kaléko

Apropos »Freier Wille«

A: »Wir tun, was wir sollen.«
B: »Der Mensch kann, was er will.«
A: »Gewiß. Doch kann er wollen, was er will?«

»Ich hüpfe«, sprach der Gummiball,
»ganz wie es mir beliebt,
und schließe draus, daß es sowas
wie ›freien Willen‹ gibt.«

»Mal hüpf ich hoch, mal hüpf ich tief,
nach Lust und nach Bedarf.«
So sprach der Ball, nicht ahnend, daß
des Knaben Hand ihn warf.

Was geschehn soll, wird geschehen,
was mißlingen soll, mißlingen.
Was im Plan nicht vorgesehen,
kann der Stärkste nicht erzwingen.

Gottfried Wilhelm Leibniz

Die beste aller möglichen Welten

Nachdem wir die Rechte des Glaubens und der Vernunft so geregelt haben, dass die Vernunft dem Glauben dient und weit davon entfernt ist, ihm zu widersprechen, wollen wir sehen, wie man sich dieser Rechte bedient, um das, was uns das natürliche Licht und die Offenbarung über die Stellung Gottes und des Menschen zum Übel lehrt, zu stützen und in Einklang zu bringen. […]

7. Gott ist die erste Ursache aller Dinge: […] Diese mit Verstand begabte Ursache muß außerdem in jeder Weise unendlich sein, ihre Macht, Weisheit und Güte müssen unbedingt vollkommen sein; denn sie umfaßt jede Möglichkeit. Da alles miteinander in Verbindung steht, so läßt sich auch nicht mehr als eine Ursache annehmen. Ihrem Verstande entquillt jede Wesensbeschaffenheit, ihr Wille ist Ursprung jeder Existenz. Dies ist in wenigen Worten der Beweis für einen einzigen Gott, für seine Vollkommenheiten und für die Entstehung der Dinge aus ihm.

8. Diese überlegene Weisheit konnte in Verbindung mit einer nicht weniger unendlichen Güte einzig und allein das Beste erwählen. Denn wie ein geringes Übel eine Art Gut

und ein geringes Gut eine Art Übel ist, wenn es ein größeres Gut verhindert, so hätte man Ursache, die Handlungen Gottes zu tadeln, wenn es ein Mittel gäbe, es besser zu machen. Und wie in der Mathematik ohne ein Maximum und Minimum, kurz ohne etwas bestimmt Unterschiedenes, alles gleichförmig verläuft, oder wenn dies nicht möglich ist, überhaupt nichts geschieht, so läßt sich dasselbe von der vollkommenen Weisheit sagen, die gleichen Regelmäßigkeiten untersteht wie die Mathematik: gäbe es nicht die beste *(optimum)* aller möglichen Welten, dann hätte Gott überhaupt keine erschaffen. »Welt« nenne ich hier die ganze Folge und das ganze Beieinander aller bestehenden Dinge, damit man nicht sagen kann, mehrere Welten könnten zu verschiedener Zeit und an verschiedenen Orten bestehen. Man muß sie insgesamt für eine Welt rechnen, oder, wie man will, für ein Universum. Erfüllte man jede Zeit und jeden Ort, so bleibt es dennoch wahr, daß man sie auf unendlich viele Arten hätte erfüllen können und daß es unendlich viel mögliche Welten gibt, von denen Gott mit Notwendigkeit die beste erwählt hat, da er nichts ohne höchste Vernunft tut.

9. Kann ein Gegner diesem Argument nicht beikommen, so wird er vielleicht auf unsere Schlußfolgerung mit einem entgegengesetzten Argument antworten: er wird sagen, die Welt hätte ja sündlos und ohne Leiden sein können; aber was ich bestreite, ist, daß sie dann besser wäre. Wissen muß man, daß in jeder möglichen Welt alles miteinander in Verbindung steht: jedwedes Universum ist ein Ganzes aus einem Stück, gleich dem Ozean; die geringste Bewegung breitet sich in beliebige Entfernung aus, wenn sie auch schwächer

und schwächer wird entsprechend dieser Entfernung: so hat Gott ein für allemal alles im voraus geregelt, er, der die Gebete, die guten und schlechten Handlungen und alles andere voraussah; und jedes Ding hat vor seiner Existenz idealiter zu dem Entschlusse beigetragen, der über das Dasein aller Dinge gefaßt wurde. Darum kann in der Welt nichts ohne Schaden an seiner Wesensart, oder (wie bei einer Zahl), wenn man will, an seiner numerischen Individualität verändert werden. Wenn somit das geringste Übel, das in der Welt eintrifft, fehlte, es wäre nicht mehr diese Welt, die, alles in allem, von dem sie auswählenden Schöpfer als die beste befunden worden ist.

10. Zwar kann man sich Welten ohne Sünde und ohne Unglück vorstellen, und so etwas daraus machen wie die Romane von Utopien und den Sevaramben; aber diese Welten würden im übrigen der unsrigen erheblich nachstehen. Ich will das nicht im einzelnen aufzeigen: wie könnte ich wohl diese Unendlichkeiten erkennen, darstellen und miteinander vergleichen? Aber man muß mir das *ab effectu* zugeben, da Gott unsere Welt so erwählt hat, wie sie ist. Wir wissen außerdem, daß oft ein Übel ein Gut bewirkt, welches ohne dieses Übel nicht eingetroffen wäre. Oft haben sogar zwei Übel ein großes Gut zur Folge gehabt. [...]

12. Zum Nachweise, daß Ähnliches auch bei den geistigen Freuden statthat, bediente man sich zu allen Zeiten eines aus den sinnlichen Freuden geschöpften Vergleiches: bei diesem nämlich treten dem Schmerz verwandte Symptome auf. Etwas Saures, Scharfes oder Bitteres gefällt oft besser als Zucker; der Schatten läßt die Farbe stärker hervortreten und selbst eine Dissonanz am rechten Platze hebt

die Harmonie. Seiltänzer, im Begriffe hinabzustürzen, sollen uns in Schrecken versetzen, Trauerspiele sollen uns bis zu Tränen ergreifen. Kostet man die Gesundheit aus und dankt man Gott dafür, wenn man niemals krank gewesen ist? Und muß nicht meistens ein kleines Übel das Gute fühlbarer, sozusagen größer werden lassen?

13. Sagt man, die Übel seien bedeutend und ihre Zahl sei groß, verglichen mit den Gütern, dann täuscht man sich. Nur aus Mangel an Achtsamkeit verkleinern wir unsere Güter, und es bedarf einiger Übel, um diese Achtsamkeit in uns wach werden zu lassen. Wären wir für gewöhnlich krank und selten bei guter Gesundheit, dann würden wir die Größe dieses Gutes wunderbar schätzen und unsere Leiden weniger beachten, aber ist es nicht trotzalledem besser, daß die Gesundheit an der Regel, die Krankheit selten ist? Fügen wir darum in unserer Reflexion das hinzu, was unserer Vorstellung abgeht, um uns das Gut der Gesundheit fühlbarer zu machen. Hätten wir keine Kenntnis des zukünftigen Lebens, so würden sich, glaube ich, nur wenige finden, die beim Herannahen des Todes nicht zufrieden wären, das Leben noch einmal bei gleich großen Gütern und Übeln zu durchleben, besonders wenn diese nicht von derselben Art sind. Man wäre mit der bloßen Veränderung zufrieden, ohne einen besseren Zustand als den erlebten zu verlangen.

14. Betrachtet man zudem die Gebrechlichkeit des menschlichen Körpers, so muß man die Weisheit und Güte des Schöpfers der Natur bewundern, der diesen Körper so widerstandsfähig und seinen Zustand so erträglich gemacht hat. Das hat mich oft zu dem Ausspruch genötigt, ich wun-

derte mich nicht, die Menschen zuweilen krank zu finden, wohl aber erstaune ich, daß sie dies so selten, ja daß sie es nicht ständig sind. Darum müssen wir auch das göttliche Kunstwerk des tierischen Mechanismus immer mehr bewundern, dessen Schöpfer so schwache, dem Verderben ausgesetzte und dennoch so existenzfähige Maschinen erzeugt hat. Die Natur heilt uns ja doch weit besser als die Medizin. Diese Gebrechlichkeit folgt aus der Natur der Dinge, wofern man nicht will, daß diese Art vernunftbegabter Kreaturen mit Fleisch und Bein keinen Platz in der Welt habe. Das wäre jedoch ein Mangel. [...]

15. Leute, die Humor genug besitzen, Natur und Schicksal zu loben, statt sich darüber zu beklagen, selbst wenn sie nicht besonders gut abgeschnitten haben, sind, so dünkt mich, den anderen vorzuziehen. Denn abgesehen davon, daß diese Klagen schlecht begründet sind, heißt dies doch in Wirklichkeit gegen die Anordnungen der Vorsehung murren. Man darf sich in dem Staate, in dem man lebt, nicht leichthin zur Zahl der Unzufriedenen gesellen, und am allerwenigsten darf man dies im Reiche Gottes, wo es mit einer Ungerechtigkeit verbunden wäre. Bücher über das menschliche Elend [...] sind meiner Ansicht nach von keinem großen Nutzen: man verdoppelt die Übel, wenn man ihnen eine Aufmerksamkeit widmet, die man von ihnen abwenden sollte, um sie auf die weit gewichtigeren Güter zu richten.

Voltaire

Candide

*Wie Candide in einem schönen Schloß aufgezogen
und wie er aus selbigem weggejagt wurde*

Es gab in Westfalen auf dem Schloß des Herrn Baron von Thunder-ten-tronckh einen jungen Menschen, den die Natur mit dem sanftesten Gemüt versehen hatte. Seine Züge offenbarten sein Wesen. Zu seinem recht geraden Verstand kam der allerargloseste Sinn, und deswegen, glaube ich, wurde er Candide genannt. Das ältere Hausgesinde mutmaßte, er sei der Sohn der Schwester des Herrn Baron mit einem braven und ehrbaren Junker aus der Nachbarschaft, den jenes Fräulein nie heiraten mochte, weil er nur einundsiebzig Ahnen hatte vorweisen können und der Rest seines Stammbaums durch die Unbill der Zeitläufte verlorengegangen war.

Der Herr Baron war einer der mächtigsten Herren in Westfalen, denn sein Schloß besaß Fenster und eine Tür. Den Großen Saal schmückte gar ein Wandbehang. Die Hofhunde stellten bei Bedarf eine Jagdkoppel, die Stallknechte waren seine Piköre, der Dorfkaplan sein Großalmosenier. Sie nannten ihn alle »Durchlaucht« und lachten, wenn er etwas zum besten gab.

Die Frau Baronin wog vielleicht dreihundertfünfzig Pfund, wodurch sie zu ungemeinem Ansehen gelangte, und wußte die Honneurs des Hauses mit einer Würde zu machen, die ihr noch mehr Respektabilität verlieh. Ihre Tochter Kunigunde, siebzehn Jahre alt, war rotbackig, frisch, drall und appetitlich. Der Sohn des Barons schien in allem seines Vaters würdig. Der Hofmeister Pangloß war das Hausorakel, und der kleine Candide lauschte seinem Unterricht mit all der Zutraulichkeit seines Alters und seines Wesens.

Pangloß lehrte die Metaphysico-theologico-kosmolonarrologie. Er bewies meisterhaft, daß keine Wirkung ohne Ursache sei und daß in dieser besten aller möglichen Welten des durchlauchtigen Herrn Schloß das schönste aller Schlösser und die Gnädige Frau die beste aller möglichen Baroninnen sei.

»Erwiesen ist«, sagte er, »daß die Dinge gar nicht anders sein können; indem nämlich alles zu einem Ende gemacht ist, so ist alles notwendig zum besten Ende gemacht. Merkt wohl auf, die Nasen sind gemacht, Brillen zu tragen, so tragen wir denn Brillen. Die Beine sind augenscheinlich dazu eingerichtet, bekleidet zu werden, folglich tragen wir Beinkleider. Die Steine sind da, behauen zu werden, damit Schlösser mit ihnen gebaut werden, daher der Gnädige Herr ein so schönes Schloß hat. Der vornehmste Baron der Provinz muß auch zum besten wohnen, und weil nun einmal die Schweine zum Essen gemacht sind, essen wir Schweinefleisch das ganze Jahr hindurch. Mithin haben jene, die behauptet haben, alles sei zum Guten, eine Albernheit vorgebracht, es mußte heißen, alles sei zum Besten.«

Candide lauschte aufmerksam und glaubte in seiner Unschuld alles, weil er Fräulein Kunigunde über die Maßen schön fand, obgleich er sich niemals die Kühnheit zumaß, es ihr zu sagen. Er kam zu dem Schluß, nächst dem Glück, geborener Baron von Thunder-ten-tronckh zu sein, wäre die zweite Stufe des Glücks, Fräulein Kunigunde zu sein, die dritte, sie alle Tage zu sehen, und die vierte, Meister Pangloß zuzuhören, dem größten Philosophen der Provinz und folglich der ganzen Welt.

Eines Tages sah Fräulein Kunigunde beim Spazierenghen unweit des Schlosses in einem kleinen Gehölz, das man *Park* hieß, zwischen Gesträuch hindurch, den Doktor Pangloß, wie er der Kammerjungfer ihrer Mutter, einer sehr hübschen und äußerst gelehrigen kleinen Brünetten, eine Lektion in Experimentalphysik erteilte. Da Fräulein Kunigunde ungemeine Neigungen für die Wissenschaften besaß, gab sie ohne den leisesten Mucks genau acht auf die wiederholten Versuche, denen sie beiwohnte. Sie sah deutlich des Doktors zureichenden Grund, die Wirkungen und die Ursachen, und kehrte von da ganz aufgeregt zurück, ganz in Gedanken verloren, ganz von dem Wunsch beseelt, auch gelehrt zu sein, bedenkend, daß sie sehr wohl der zureichende Grund des jungen Candide sein könnte, so wie er der ihre.

Sie traf Candide auf dem Rückweg ins Schloß und errötete; Candide errötete auch, sie begrüßte ihn mit stockender Stimme, und Candide sprach zu ihr, ohne zu wissen, was er sagte. Anderntags, nach dem Mittagsmahl, fanden sich nach Aufhebung der Tafel Kunigunde und Candide hinter einem Wandschirm; Kunigunde ließ ihr Tüchlein fallen, Candide hob es auf, sie ergriff in aller Unschuld seine Hand, in aller Unschuld küßte der Junge die Hand des Fräuleins mit einer Aufwallung, einer Empfindsamkeit und Anmut ganz eigener Art. Die Lippen trafen sich, die Blicke fingen Feuer, die Knie wankten und ihre Hände verirrten sich. Der Herr Baron von Thunder-ten-tronckh kam just da an dem Wandschirm vorbei, und da er diese Ursache und jene Wirkung gewahrte, jagte er Candide mit kräftigen Tritten in den Hintern aus dem Schloß, Kunigunde fiel in Ohnmacht, wurde von der Frau Baronin maulschelliert, als sie wieder zu sich kam, und jedermann war bestürzt im schönsten und gefälligsten aller möglichen Schlösser. [...]

*Was Candide, Kunigunde, Pangloß,
Martin usw. widerfuhr*

»Vergebt noch einmal«, sagte Candide zum Baron, »vergebt, Ehrwürdiger Pater, daß ich Euch einen solchen Degenstoß durch den Leib versetzt habe.« – »Reden wir nicht mehr davon«, erwiderte der Baron; »ich war ein wenig zu hitzig, ich gesteh's; aber da Ihr nun mal erfahren wollt, durch welches Ungefähr Ihr mich auf den Galeeren fandet, will ich Euch berichten, daß ich, nach meiner Genesung von der Wunde durch den Bruder Apotheker des Kollegiums, von einem Trupp Spanier angegriffen und verschleppt wurde; in Buenos Aires warf man mich ins Gefängnis zu eben der Zeit, als meine Schwester gerade von dort abreiste. Ich verlangte, daß man mich nach Rom zum Pater General zurückkehren ließ. Ich wurde drauf zum Almosenier in Konstantinopel bestimmt beim Herrn Botschafter von Frankreich. Nach nicht einmal acht Tagen im Amt fand ich gegen Abend einen Icoglan, jung und sehr wohlgestalt. Es war sehr heiß: der junge Mann wollte baden; ich nahm die Gelegenheit, auch zu baden. Ich wußte nicht, daß es ein Hauptverbrechen ist für einen Christen, nackt mit einem jungen Muselmann angetroffen zu werden. Ein Kadi ließ mir hundert Stockhiebe auf die Fußsohlen geben und verurteilte mich zu den Galeeren. Ich glaube nicht, daß je eine schrecklichere Ungerechtigkeit begangen wurde. Ich wüßte aber doch gern, warum meine Schwester in der Küche eines Herrschers von Transsylvanien ist, der sich zu den Türken geflüchtet hat.«

»Und Ihr, mein lieber Pangloß«, sagte Candide, »wie kommt es, daß ich Euch wiedersehe?« – »Es stimmt«, sagte Pangloß, »Ihr habt mich hängen sehen; nach Billigkeit und Gebrauch hätte ich verbrannt werden sollen, Ihr erinnert Euch aber, daß es wie aus Kübeln goß, als man daranging, mich zu rösten: das Unwetter war so heftig, daß man es aufgab, das Feuer anzufachen; ich wurde gehängt, weil man sich nicht besser zu behelfen wußte: ein Bader kaufte meinen Leib, trug mich in sein Haus und zergliederte mich. Zunächst machte er mir einen Kreuzschnitt vom Nabel bis zum Schlüsselbein. Schlechter als ich konnte man gar nicht gehängt sein. Der Scharfrichter der Heiligen Inquisition, ein Subdiakon, verstand sich zwar wunderbar aufs Verbrennen, aber mit dem Hängen hatte er keine Erfahrung: der Strick war feucht und rutschte schlecht, und die Schlinge verknotete sich; am Ende atmete ich noch: Bei dem Kreuzschnitt stieß ich einen solchen Schrei aus, daß mein Bader hintenüber fiel, im Glauben, er zergliedere den Leibhaftigen, in Todesangst davonrannte und dabei auch noch die Treppe hinunterstürzte. Auf den Lärm rannte seine Frau aus einem Nebenzimmer herbei, sieht mich auf dem Tisch ausgestreckt mit meinem Kreuzschnitt: sie bekam noch größere Angst als ihr Mann, lief davon und fiel über ihn. Als sie ihre Sinne wieder in eins hatten, hörte ich die Baderin zum Bader sagen: ›Mein Guter, was laßt Ihr Euch auch beifallen, einen Ketzer zu zergliedern? Wißt Ihr nicht, daß denen immer der Teufel im Leib steckt? Ich will schnell einen Priester suchen, ihn zu beschwören.‹ Bei diesem Vorschlag erzitterte ich und nahm die wenigen mir verbliebenen Kräfte zusammen, um zu schreien: ›Habt Mitleid mit mir!‹ Schließlich faßte sich der portugiesische Bader ein Herz; er nähte meine Haut wieder zusammen; seine Frau pflegte mich sogar; nach vierzehn Tagen war ich wieder auf den Beinen. Der Bader fand mir auch einen Dienst, und ich wurde Lakai eines Malteserritters, der nach Venedig reiste; da mich mein Meister aber nicht bezahlen konnte, begab ich mich in den Dienst eines venezianischen Kaufmanns und folgte ihm nach Konstantinopel.

Eines Tages kam mich die Lust an, eine Moschee zu betreten; es war darin nur ein alter Imam und eine junge, sehr hübsche Beterin, die ihre Paternoster sprach; ihr Busen war ganz entblößt: zwischen ihren Brüsten hatte sie ein hübsches Sträußchen aus Tulpen, Rosen, Anemonen, Ranunkeln, Hyazinthen und Aurikeln; sie ließ das Sträußchen fallen; ich hob es auf und steckte es ihr wieder an mit respektvollem Eifer. Ich verweilte beim Wiederanbringen so lange, daß der Imam in Zorn geriet und, als er sah, daß ich Christ war, um Hilfe rief. Man brachte mich vor den Kadi, der mir hundert Stockhiebe auf die Fußsohlen geben ließ und mich auf die Galeere schickte. Angekettet wurde ich auf derselben Galeere und derselben Ruderbank wie der Herr Baron. Auf dieser Galeere waren vier junge Leute aus Marseille, fünf neapolitanische Priester und zwei Mönche aus Korfu, die uns sagten, daß solche Abenteuer an der Tagesordnung seien. Der Herr Baron behauptete, eine größere Ungerechtigkeit erlitten zu haben als ich, ich dagegen behauptete, es sei viel eher erlaubt, ein Sträußchen am Busen einer Frau zu befestigen, als mit einem Icoglan nackt zusammen zu sein. Wir stritten ohne Unterlaß und erhielten täglich zwanzig Hiebe mit dem Ochsenziemer, als die Verkettung der Umstände dieses Universums Euch auf unsere Galeere führte und Ihr uns loskauftet.«

»Nun denn! Mein lieber Pangloß«, sagte Candide zu ihm, »als Ihr gehängt wurdet, zergliedert, ausgepeitscht und auf der Galeere rudertet, habt ihr da immer gedacht, alles stehe zum besten auf der Welt?« – »Ich bin immer noch meiner anfänglichen Meinung«, antwortete Pangloß, »denn schließlich und endlich bin ich Philosoph: es kommt mir nicht zu, mein Wort zu widerrufen, da Leibniz nicht unrecht haben kann und die prästabilierte Harmonie das Schönste auf der Welt ist, genauso wie der erfüllte Raum und die immaterielle Substanz.«

4

MENSCH UND WELT

*Die Welt und das Ich gehören, wie sie es auch anstellen und
wie sehr sie sich verzanken und verkrachen, zusammen.*

Alfred Döblin

Edith Stein

Individuum und Gemeinschaft

Das individuelle Ich ist der letzte Auslaufpunkt alles Bewusstseinslebens. Unter »individuellem Ich« ist hier nicht eine Person von bestimmter Eigenart beziehungsweise Einzigartigkeit verstanden, sondern zunächst nur das Ich, das *dies* ist und kein anderes, einzig und ungeteilt – so wie es als Ausstrahlungspunkt irgendeines Erlebnisses erlebt ist. Es ist abgehoben von allem Nicht-Ich, und zwar sowohl von toten Objekten als von anderen Subjekten, und es ist von diesen anderen Subjekten unterschieden unangesehen ihrer und seiner eigenen Qualitäten. Eben dieses Ich, das keiner materialen Beschaffenheit bedarf, um sich in seinem Schein von allem anderen abzugrenzen, ist es, was wir als *reines Ich* bezeichnen. Ihm entspringt kontinuierlich aktuelles Bewusstseinsleben, das sich, indem es in die Vergangenheit rückt, »gelebtes Leben« wird, zur Einheit des konstituierten Bewusstseinsstromes zusammenschließt. Dabei strömt das jeweils aktuelle konstituierende Leben ständig aus dem vergangenen hervor, und der konstituierte Strom ist stets in Deckung mit dem vormals aktuellen konstituierenden. Was dem *einen* Ich entströmt, das gehört zu *einem* Bewusstseinsstrom, der in sich abgeschlossen und von jedem anderen abgegrenzt ist, wie das Ich selbst.

Es ist nun höchst wunderbar, wie dieses Ich, unbeschadet seiner Einzigkeit und unaufhebbaren Einsamkeit, eingehen kann in eine *Lebensgemeinschaft* mit anderen Subjekten, wie das individuelle Subjekt Glied wird eines überindividuellen Subjekts und wie im aktuellen Leben einer solchen Subjektgemeinschaft oder eines Gemeinschaftssubjekts sich auch ein überindividueller Erlebnisstrom konstituiert.

Kurt Tucholsky
Die Familie

> Die Griechen, die so gut wußten, was ein Freund ist, haben die Verwandten mit einem Ausdruck bezeichnet, welcher der Superlativ des Wortes ›Freund‹ ist. Dies bleibt mir unerklärlich.
>
> Friedrich Nietzsche

Als Gott am sechsten Schöpfungstage alles ansah, was er gemacht hatte, war zwar alles gut, aber dafür war auch die Familie noch nicht da. Der verfrühte Optimismus rächte sich, und die Sehnsucht des Menschengeschlechtes nach dem Paradiese ist hauptsächlich als der glühende Wunsch aufzufassen, einmal, nur ein einziges Mal friedlich ohne Familie dahinleben zu dürfen. Was ist die Familie?

Die Familie (familia domestica communis, die gemeine Hausfamilie) kommt in Mitteleuropa wild vor und verharrt gewöhnlich in diesem Zustande. Sie besteht aus einer Ansammlung vieler Menschen verschiedenen Geschlechts, die ihre Hauptaufgabe darin erblicken, ihre Nasen in deine Angelegenheiten zu stecken. Wenn die Familie größeren Umfang erreicht hat, nennt man sie ›Verwandtschaft‹ (siehe im Wörterbuch unter M). Die Familie erscheint meist zu scheußlichen Klumpen geballt und würde bei Aufständen dauernd Gefahr laufen, erschossen zu werden, weil sie grundsätzlich nicht auseinandergeht. Die Familie ist sich in der Regel heftig zum Ekel. Die Familienzugehörigkeit befördert einen Krankheitskeim, der weit verbreitet ist: alle Mitglieder der Innung nehmen dauernd übel. Jene Tante, die auf dem berühmten Sofa saß, ist eine Geschichtsfälschung: denn erstens sitzt eine Tante niemals allein, und zweitens nimmt sie immer übel – nicht nur auf dem Sofa: im Sitzen, im Stehen, im Liegen und auf der Untergrundbahn.

Die Familie weiß voneinander alles: wann Karlchen die Masern gehabt hat, wie Inge mit ihrem Schneider zufrieden ist, wann Erna den Elektrotechniker heiraten wird, und daß Jenny nach der letzten Auseinandersetzung nun endgültig mit ihrem Mann zusammenbleiben wird. Derartige Nachrichten pflanzen sich vormittags zwischen elf und eins durch das wehrlose Telefon fort. Die Familie weiß alles, mißbilligt es aber grundsätzlich. Andere wilde Indianerstämme leben entweder auf den Kriegsfüßen oder rauchen eine Friedenszigarre: die Familie kann gleichzeitig beides.

Die Familie ist sehr exklusiv. Was der jüngste Neffe in seinen freien Stunden treibt, ist ihr bekannt, aber wehe, wenn es dem jungen Mann einfiele, eine Fremde zu heiraten! Zwanzig Lorgnons richten sich auf das arme Opfer, vierzig Augen kneifen sich musternd zusammen, zwanzig Nasen schnuppern mißtrauisch: »Wer ist das? Ist sie der hohen Ehre teilhaftig?« Auf der anderen Seite ist das ebenso. In diesen Fällen sind gewöhnlich beide Parteien davon durchdrungen, tief unter ihr Niveau hinuntergestiegen zu sein.

Hat die Familie aber den Fremdling erst einmal in ihren Schoß aufgenommen, dann legt sich die große Hand der Sippe auch auf diesen Scheitel. Auch das neue Mitglied muß auf dem Altar der Verwandtschaft opfern; kein Feiertag, der nicht der Familie gehört! Alle fluchen, keiner tuts gern – aber Gnade Gott, wenn einer fehlte! Und seufzend beugt sich alles unter das bittere Joch ...

Dabei führt das ›gesellige Beisammensein‹ der Familie meistens zu einem Krach. In ihren Umgangsformen herrscht jener sauersüße Ton vor, der am besten mit einer Sommernachmittagsstimmung kurz nach einem Gewitter zu vergleichen ist. Was aber die Gemütlichkeit nicht hindert. Die seligen Herrnfelds stellten einmal in einem ihrer Stücke eine Szene dar, in der die entsetzlich zerklüftete Familie eine Hochzeitsfeierlichkeit abzog, und nachdem sich alle die Köpfe zerschlagen hatten, stand ein prominentes Mitglied der Familie auf und sagte im lieblichsten Ton der Welt: »Wir kommen jetzt zu dem Tafellied –!« Sie kommen immer zum Tafellied.

Schon in der großen Soziologie Georg Simmels ist zu lesen, daß keiner so wehtun könne, wie das engere Kastenmitglied, weil das genau um die empfindlichsten Stellen des Opfers wisse. Man kennt sich eben zu gut, um sich herzinniglich zu lieben, und nicht gut genug, um noch aneinander Gefallen zu finden.

Man ist sich sehr nah. Nie würde es ein fremder Mensch wagen, dir so nah auf den Leib zu rücken, wie die Kusine deiner Schwägerin, a conto der Verwandtschaft. Nannten die alten Griechen ihre Verwandten die ›Allerliebsten‹? Die ganze junge Welt von heute nennt sie anders. Und leidet unter der Familie. Und gründet später selbst eine und wird dann grade so.

Es gibt kein Familienmitglied, das ein anderes Familienmitglied jemals ernst nimmt. Hätte Goethe eine alte Tante gehabt, sie wäre sicherlich nach Weimar gekommen, um zu sehen, was der Junge macht, hätte ihrem Pompadour etwas Cachou entnommen und wäre schließlich durch und durch beleidigt wieder abgefahren. Goethe hat aber solche Tanten nicht gehabt, sondern seine Ruhe – und auf diese Weise ist der ›Faust‹ entstanden. Die Tante hätte ihn übertrieben gefunden.

Zu Geburtstagen empfiehlt es sich, der Familie etwas zu schenken. Viel Zweck hat das übrigens nicht; sie tauscht regelmäßig alles wieder um.

Irgendeine Möglichkeit, sich der Familie zu entziehen, gibt es nicht. Mein alter Freund Theobald Tiger singt zwar:

Fang nie was mit Verwandtschaft an –

denn das geht schief,

denn das geht schief!

aber diese Verse sind nur einer stupenden Lebensunkenntnis entsprungen. Man fängt ja gar nichts mit der Verwandtschaft an – die Verwandtschaft besorgt das ganz allein.

Und wenn die ganze Welt zugrunde geht, so steht zu befürchten, daß dir im Jenseits ein holder Engel entgegenkommt, leise seinen Palmenwedel schwingt und spricht: »Sagen Sie mal – sind wir nicht miteinander verwandt –?« Und eilends, erschreckt und im innersten Herzen gebrochen, enteilst du. Zur Hölle.

Das hilft dir aber gar nichts. Denn da sitzen alle, alle die andern.

Iso Camartin

Gastfreundschaft

Es ist eine offene Frage: Stand am Anfang der spontane Wille, dem Fremden, der an die Tür klopft, zu helfen und ihn aus seiner Verlegenheit oder gar Not zu befreien? Oder aber: War immer schon die tiefgründige Berechnung mit im Spiel: Was ich für diesen Hergelaufenen tue, der sich jetzt an mich wendet, wird er vielleicht mir zugutekommen lassen, wenn ich einmal seiner Hilfe bedarf? Gastfreundschaft gilt jedenfalls als ein urtümlicher Reflex. Dem ungebetenen Gast soll nicht die Tür gewiesen werden, um ihn abzuschieben, sondern tief sitzende natürliche Anlagen im Menschen scheinen zu gebieten, den um Aufnahme Ersuchenden freundlich einzuladen und zu bewirten. Ein heiliges Gesetz sozusagen, das nicht einmal Barbaren brechen, wenn sie einen Rest von Menschlichkeit noch in sich tragen. Thomas Mann nennt es in seiner Erzählung *Wälsungenblut* »eine Art wilder Gesittung«, wenn er von Wagners Hunding spricht, der dem hergelaufenen Siegmund für eine Nacht im eigenen Haus Schutz bietet, um ihn am folgenden Morgen niederzustrecken.

Ist Gastfreundschaft also ein Versicherungssystem auf

Gegenseitigkeit, um Gefährdungen durch ritualisierte Pflichten aus der Welt zu schaffen? »Wahrhaftig, du bist mir ein alter Gastfreund von den Vätern her«, liest man bei Homer. Gastfreundschaft ist etwas, das man fortsetzt, weil es schon bei den Alten zur Sitte gehörte und man es gerade dadurch neu bekräftigt und zum Leben ruft. Ein Bündnis aus grauer Vorzeit ist lebenswirksam von Generation zu Generation. Das ist das eine.

Doch gibt es ein Weiteres: Wer nicht in Not ist oder auf der Flucht vor Feinden und Nachstellungen, der weiß, was sich gehört. Man bringt dem Gastgeber ein Geschenk mit, nicht um sich besondere Gunst damit zu erkaufen, sondern um den Ritus der Gastfreundschaft zu bekräftigen und zu adeln. Diese Geschenke sind oft rein symbolischer Natur ohne bedeutenden realen Wert, und dennoch sind sie entscheidend, um die guten Absichten derjenigen zu erweisen, die um Gastfreundschaft ersuchen. [...]

Und es gibt eine weitere berühmte Geschichte über Gastfreundschaft, die sich zwar ebenfalls durch kein beruhigendes, aber doch weniger brutales Ende auszeichnet. Albert Camus hat sie in den Fünfzigerjahren des zwanzigsten Jahrhunderts geschrieben, in einer Zeit, als er seine hellsichtigen essayistischen Klärungen der »condition humaine« und des gegen das ihm zugemutete Lebensschicksal revoltierenden Menschen mit einer Reihe von kurzen Erzählungen ergänzte, in welchen er Entscheidungssituationen in scheinbar ausweglosen Lagen in unerbittlich knappem Stil schilderte. Die Geschichte trägt den Titel *L'hôte (Der Gast)* und beschreibt das Leben des algerischen Lehrers Daru vor dem Ausbruch des Kolonialkriegs auf einer der Hochebenen

Nordafrikas, wo die Extreme des Klimas – eiskalte Nächte, welche die Landschaft mit einer Schneedecke überziehen, und glühende Tage, in welchen die Sonne alle Lebensformen wegzusengen scheint – nur den Rahmen liefern für den Konflikt zwischen nomadisierenden Arabern und algerischen Stadtbewohnern, die ihre neue Lebensart den kolonisierenden Franzosen mit verdanken. Der Lehrer, ein in der Provinz geborener Algerier, der sein Land und dessen ländliche Zonen liebt, ist allein in seinem Schulhaus, in welchem er selbst auch lebt. Wegen der winterlichen Verhältnisse ist die Schule geschlossen, seine Schüler aus den Dörfern der Hochebene bleiben zu Hause, er heizt nur seinen an das Klassenzimmer angrenzenden Wohnraum, kocht sich Tee und versorgt im Schuppen nebenan die Hühner. Aus dem Fenster erkennt er von weitem zwei herannahende Personen, eine zu Pferd, die andere zu Fuß. Es ist der Gendarm Balducci, der an einem Strick einen Araber mit sich führt. Wie die beiden im Schulhaus ankommen und Daru ihnen Minztee zum Aufwärmen anbietet, stellt sich heraus, dass der Araber seinen Vetter wegen eines Familienstreits umgebracht hat. Er soll jetzt ins nächste größere Dorf nach Tinguit geführt und dort vor Gericht gestellt werden und seine Strafe erhalten. Der Gendarm verlangt vom Lehrer, dass er diese Überführung an die Justiz übernehme, er selbst müsse sogleich in sein Dorf zurück, denn er werde aufgrund der Spannungen zwischen Franzosen und Arabern dort dringlich gebraucht. Wenn ein Krieg vor der Tür stehe, habe jeder auch ungewohnte Aufgaben zu übernehmen. Der Gendarm überlässt dem Lehrer eine seiner Waffen und zieht mit dem Pferd wieder ab. Daru bleibt mit dem Araber allein zurück. Sie kommen ins Gespräch. Auf die Frage, ob seine Tat ihm leidtue, weiß der Araber keine Antwort, weil er die Frage nicht versteht. Er hat so gehandelt, wie man in den Dörfern der Nomaden handelt. Die Welt der Polizei und der Gerichte ist ihm unbekannt und fremd. Er will nur eines wissen: »Kommt der Gendarm zurück?«, und fordert den Lehrer auf: »Komm mit uns!« Dieser aber spürt in seinem Innern nur einen wilden Zorn gegen die Bosheit, den Hass und den Blutwahn der Menschen. Es folgt eine beunruhigende Nacht. Der Lehrer, der sich dem Gendarm gegenüber mit allen Kräften wehrte, Polizeidienste zu übernehmen und seinen Gast der Justiz auszuliefern, wäre dafür dankbar, wenn sein Gast in der Dunkelheit heimlich flüchten würde. Ihm ist die Anwesenheit dieses Arabers lästig, ja unheimlich. »In diesem Zimmer, wo er seit einem Jahr allein schlief, empfand er die Gegenwart des anderen als störend. Sie störte ihn auch, weil sie ihm eine Art von Brüderlichkeit aufzwang, die er unter den gegebenen Umständen ablehnte und deren Wesen ihm wohlbekannt war: Männer, Soldaten oder Gefangene, die ein und denselben Raum teilen, gehen eine seltsame Bindung ein, als fänden sie sich jeden Abend, sobald sie mit den Kleidern ihre Rüstung abgelegt haben, über ihre Eigenheiten hinweg in der zeitlosen Gemeinschaft der Müdigkeit und des Traums zusammen. Aber Daru verwies sich diese Gedanken, solche Dummheiten waren ihm zuwider, er musste schlafen.« Doch dies will ihm jetzt nicht so leicht gelingen. Er bemerkt, wie der Araber sich auf dem Feldbett neben ihm erhebt und den Raum verlässt. Holt er etwa die Pistole aus der Schreibtischschublade des Nebenraums?

Doch der Araber kommt wieder zurück. Daru glaubt, Gestalten ums Haus schleichen zu hören. Täuscht er sich? Sind es Angstgespenster? Nichts geschieht, und endlich schläft er ein. Am Morgen weckt er den Araber. Sie trinken Kaffee. »Das sinnlose Verbrechen dieses Mannes empörte ihn, aber ihn auszuliefern ging gegen die Ehre: der bloße Gedanke daran war eine Demütigung, die ihn rasend machte. Und er verfluchte zugleich die Seinen, die ihm diesen Mann geschickt hatten, und den Araber, der es gewagt hatte, zu töten, der es aber nicht verstanden hatte, zu fliehen.« Er macht sich mit dem Araber auf den Weg zum Bestimmungsort. Wieder glaubt er, Unbekannte im Rücken zu haben. Die beiden marschieren nebeneinander eine Stunde und kommen an einen Scheideweg. Daru gibt dem Araber Proviant und Geld und fügt hinzu: »Das ist der Weg nach Tinguit, du hast zwei Stunden zu gehen. In Tinguit befinden sich die Behörden und die Polizei. Sie erwarten dich.« Dann fasst Daru den Araber am Arm, macht mit ihm eine kleine Drehung nach Süden und sagt, auf einen kaum erkennbaren Weg am Fuß der Anhöhe deutend: »Das ist die Piste, die über die Hochebene führt. In einem Tagesmarsch kommst du zu den Weiden und den ersten Nomaden. Sie werden dich aufnehmen und beschützen, wie das Gesetz es verlangt.« Nun will er zurück, sofort, ohne hören zu wollen, was der Araber ihn fragen möchte. Er läuft eine Weile, ohne sich umzudrehen. Dann hält er, schaut zurück, entdeckt, dass der Araber immer noch an der Stelle ausharrt, mit hängenden Armen und unentschlossener Miene. Daru geht weiter, dreht sich nochmals um, der Araber ist nicht mehr zu sehen, Daru läuft ein Stück zurück, um ihn wieder in den Blick zu bekommen.

»Die Felsenfelder im Süden zeichneten sich deutlich am blauen Himmel ab, aber über der Ebene im Osten erhoben sich bereits die Dunstschleier der Hitze. Und in diesem leichten Dunst entdeckte Daru mit beklommenem Herzen den Araber, der langsam dahinschritt auf dem Weg zum Gefängnis.« Er hat ihm die Wahl gelassen, der Araber hat selbst über seinen Weg entschieden. Wie Daru in seinem Schulhaus ankommt, entdeckt er an der Wandtafel mit Kreide geschrieben: »Du hast unseren Bruder ausgeliefert. Das wirst du büßen.« Es ist das Menetekel eines fürchterlichen Bruderkrieges, das den Algeriern und Franzosen bevorsteht. Der Schlusssatz der Erzählung lautet: »In diesem weiten Land, das er so sehr geliebt hatte, war er allein.«

Freundschaft ist individuell, geprägt von Eigenheiten der beteiligten Personen. Gastfreundschaft ist ein kollektiver Schonreflex, weit entfernt von Vorliebe und Wahl, und hat mit Freundschaft nur dem Namen nach etwas gemeinsam. Wenn wir in Not sind, brauchen wir Gastfreundschaft und sind dafür dankbar. Damit es uns aber gut geht und wir am Ende nicht allein und einsam bleiben, brauchen wir mehr als Gastfreundschaft, wir brauchen Freundschaft. Das aber ist etwas ganz anderes.

Arthur Schopenhauer

Die Stachelschweine

Eine Gesellschaft Stachelschweine drängte sich an einem kalten Wintertage recht nah zusammen, um sich durch die gegenseitige Wärme vor dem Erfrieren zu schützen. Jedoch bald empfanden sie die gegenseitigen Stacheln, welches sie dann wieder von einander entfernte. Wann nun das Bedürfnis der Erwärmung sie wieder näher zusammenbrachte, wiederholte sich jenes zweite Übel, so daß sie zwischen beiden Leiden hin und her geworfen wurden, bis sie eine mäßige Entfernung voneinander herausgefunden hatten, in der sie es am besten aushalten konnten.

So treibt das Bedürfnis der Gesellschaft, aus der Leere und Monotonie des eigenen Innern entsprungen, die Menschen zueinander; aber ihre vielen widerwärtigen Eigenschaften und unerträglichen Fehler stoßen sie wieder voneinander ab. Die mittlere Entfernung, die sie endlich herausfinden, und bei welcher ein Beisammensein bestehen kann, ist die Höflichkeit und feine Sitte. Dem, der sich nicht in dieser Entfernung hält, ruft man in England zu: *keep your distance!* – Vermöge derselben wird zwar das Bedürfnis gegenseitiger Erwärmung nur unvollkommen befriedigt, dafür aber der Stich der Stacheln nicht empfunden.

Wer jedoch viel eigene, innere Wärme hat, bleibt lieber aus der Gesellschaft weg, um keine Beschwerde zu geben, noch zu empfangen.

Marcus Tullius Cicero

Kein besseres Geschenk der Götter

In der Tat ist die Freundschaft nichts anderes als die Übereinstimmung in allen göttlichen und menschlichen Dingen, zusammen mit Wohlwollen und Liebe; außer ihr kenne ich – abgesehen von der Weisheit – nichts Besseres, was dem Menschen von den unsterblichen Göttern geschenkt wurde. Die einen ziehen den Reichtum vor, andere eine gute Gesundheit, andere Macht, wieder andere ehrenvolle Ämter, viele auch die Wollust: Letzteres ist Sache der Tiere, das vorher Genannte ist vergänglich und ungewiss, hängt es doch nicht so sehr an unseren Entschlüssen, sondern an der Launenhaftigkeit des Schicksals. Diejenigen aber, die das höchste Gut auf die Tugend setzen, tun dies vortrefflich. Gerade diese Tugend ist es aber, die Freundschaft erzeugt und erhält, und es kann ohne Tugend Freundschaft auf keine Weise sein …

Was gibt es Angenehmeres, als jemanden zu haben, mit dem du dich über alles so zu reden traust wie mit dir selbst? Wie groß wäre für dich der Genuss im Glück, wenn du nicht einen hättest, der sich daran genauso freut wie du selbst? Unglück aber zu ertragen wäre schwierig ohne einen, der es sogar noch schwerer nimmt als du. Die übrigen Dinge schließlich, die man sich wünscht, dienen jeweils nur einem Zweck: Reichtum, um ihn zu nutzen; Macht um der Verehrung willen; ehrenvolle Ämter um des Lobes willen; Lustbarkeiten, um sich daran zu erfreuen; Gesundheit, um von Schmerz frei zu sein und die körperlichen Dinge verrichten zu können. Die Freundschaft hingegen vereinigt die meisten Dinge; wohin du dich auch wendest, sie ist zugegen; sie ist von keinem Ort ausgeschlossen; niemals kommt sie ungelegen, nie fällt sie zur Last. ...

Ich rede übrigens jetzt nicht von gewöhnlicher oder mittelmäßiger Freundschaft, obschon auch sie erfreut und nützt, sondern von der wahren und vollkommenen Freundschaft, wie sie nur wenigen zuteil wurde, die man nennen kann. Denn die Freundschaft macht sowohl die glücklichen Dinge glänzender wie die unglücklichen durch Teilnahme und Anteilnahme leichter.

Peter Rühmkorf

Gemeines Liebeslied

Abend gießt Rotspon ein,
mir ins Gesicht –
Ewig ist der Wackerstein,
ich bin es nicht.

Wer hält mein Leben kurz?
Fei oder Dschinn?
Leicht wie ein Vogelfurz
fliegt es dahin.

Hagel pickt, Hegel packt
nicht mein Geweid, aber bei
Liebe und Schnickschnack
vergeht mir die Zeit.

Liebste ich sing: an dich
denk ich bei Tag und Nacht,
weil mich das Ding an sich
trübsinnig macht.

Treib ich meine Dohlen heim,
– you can't be true dear –
wie ein verrückter Reim
leg ich mich zu dir.

Tu meinen Wanst, diridum
vor deinen Birnenbug –
Was du begreifen kannst,
macht mich nicht klug.

Rainer Maria Rilke

Liebe ist schwer

… Liebe ist schwer. Liebhaben von Mensch zu Mensch: das ist vielleicht das Schwerste, was uns aufgegeben ist, das Äußerste, die letzte Probe und Prüfung, die Arbeit, für die alle andere Arbeit nur Vorbereitung ist. Darum *können* junge Menschen, die Anfänger in allem sind, die Liebe noch nicht: sie müssen sie lernen. Mit dem ganzen Wesen, mit allen Kräften versammelt um ihr einsames, banges, aufwärts schlagendes Herz, müssen sie lieben lernen. Lernzeit aber ist immer eine lange, abgeschlossene Zeit, und so ist Lieben für lange hinaus und weit ins Leben hinein –: Einsamkeit, gesteigertes und vertieftes Alleinsein für den, der liebt. Lieben ist zunächst nichts, was aufgehen, hingeben und sich mit einem zweiten vereinen heißt (denn was wäre eine Vereinigung von Ungeklärtem und Unfertigem, noch Ungeordnetem –?), es ist ein erhabener Anlaß für den Einzelnen, zu reifen, in sich etwas zu werden, Welt zu werden, für sich um eines Anderen willen …

Wisława Szymborska

Beitrag zur Statistik

Auf hundert Menschen

die alles besser wissen
– zweiundfünfzig;

die um jeden Schritt bangen
– fast der ganze Rest;

Hilfsbereite,
wenn's nicht zu lange dauert
– sogar neunundvierzig;

beständig Gute,
weil sie nicht anders können
vier, vielleicht auch fünf;

die zu neidloser Bewunderung neigen
– achtzehn;

die ständig in Angst leben
vor jemand oder etwas
– siebenundsiebzig;

die Talent zum Glücklichsein haben
– gut zwanzig, höchstens;

die einzeln ungefährlich sind
und in der Masse verwildern
– sicher über die Hälfte;

Grausame,
wenn die Umstände sie dazu zwingen
– das sollte man lieber nicht wissen,
nicht einmal annähernd;

die nach dem Schaden klug sind
– nicht viel mehr
als die vor dem Schaden klug sind;

die dem Leben nichts abgewinnen außer Sachen
– vierzig,
obwohl ich mich gern täuschen würde;

Geduckte, Leidgeprüfte,
ohne eine Laterne im Dunkel
– dreiundachtzig,
früher oder später;

Bemitleidenswerte
– neunundneunzig;

Sterbliche
– hundert auf hundert.
Eine Zahl, die sich vorerst nicht ändert.

Arnold Toynbee

Sterblich sein

Es ist keineswegs nur von Nachteil, sterblich zu sein. Wenn ich mich dabei ertappe, die Sterblichkeit zu beklagen, bringt mich die Frage schnell wieder zur Raison, ob die Aussicht, noch unzählige Jahre lang jahraus, jahrein meine Einkommenssteuererklärung machen zu müssen, wirklich so erfreulich wäre. Und ebenso, würde ich beglückt sein, ad infinitum dem Druck der endlosen Schraube der Inflation ausgesetzt zu sein?

Der Tod befreit schließlich jeden von uns in seiner Weise von den Bürden und Ungerechtigkeiten dieses Lebens. Er ist in der Tat unser Erlöser von der Tyrannei der menschlichen Gesellschaft in dieser Welt – einer Tyrannei, die, wenn überhaupt, nur ertragen werden kann, weil ihr zeitlich unausweichlich eine Grenze gesetzt ist. Im Augenblick meines Todes verlieren plötzlich Einkommenssteuerbehörden wie Inflationen die Macht, mich weiterhin zu plagen. Schon im Voraus strecke ich ihnen im Namen meines Leichnams die Zunge heraus. Es grämt mich natürlich, dass diese Unterdrücker des Menschen weiterhin in der Lage sein werden, Menschen, die mir lieb sind und die mich überleben, zu bedrängen. Doch eines Tages kommt der Tod dem Opfer zu Hilfe – und auch seinen Unterdrückern. Der Tod beendet die Abhängigkeit des Lebens. Diese Wohltat des Todes ist von höchstem Wert und sollte daher unendlich tröstlich sein – worauf Lukrez mannhaft und Housman wehmutsvoll hinwies.

Hält man sich diesen Liebesdienst des Todes – und er ist evident – vor Augen, so lehnt man sich angesichts des Todes doch immer noch gegen jene Ungereimtheiten in der *condition humaine* auf, die es so schmerzlich machen, ein Mensch zu sein. Dem Menschen ist eine Reihe von göttlichen, geistigen und intellektuellen Fähigkeiten verliehen. Er vermag mit der geistigen Wesenheit, die sich in den Phänomenen des Universums offenbart, zu kommunizieren und zu kooperieren sowie das Universum selbst intellektuell über eine Entfernung von beliebig vielen Lichtjahren hinweg zu erforschen. Dabei ist er so kurzlebig und physikalisch so unbedeutend wie eine Mücke; und der Planet, seine Wohnstatt für nur einen Augenblick, ist selbst nichts als ein winziges Stäubchen in diesem gigantischen Kosmos, ein flüchtiges Partikel in einem Universum, das vielleicht selbst einmal einen Anfang nahm und einmal ein Ende haben wird. Verglichen mit unserer physischen Kraft sind unsere geistigen und intellektuellen Kräfte enorm. Warum aber besteht ein solches Missverhältnis in der Beschaffenheit dieser Leib-Seele-Verbindung, die sich Mensch nennt? Diese Frage stellt uns der Tod, aber die Antwort gibt er uns nicht.

Luc Ferry

Die Trauer um einen geliebten Menschen

*E*s gibt meiner Ansicht nach drei Arten, mit der Trauer um eine Person, die man liebt, umzugehen, drei Arten, wenn du so willst, sich darauf vorzubereiten.

Man kann sich von den Empfehlungen des Buddhismus angezogen fühlen – die übrigens fast wörtlich mit denen der Stoiker übereinstimmen. Sie lassen sich im Grunde zu einem obersten Gebot zusammenfassen: sich nicht binden. Nicht etwa aus Gleichgültigkeit – noch einmal: Der Buddhismus macht sich wie die Stoa für das Mitgefühl und sogar für die Pflichten der Freundschaft stark –, sondern als Vorsichtsmaßnahme: Wenn wir uns von den Bindungen, welche die Liebe immer mit sich bringt, einfangen lassen, müssen wir uns unweigerlich auf die schlimmsten Leiden gefasst machen, denn Leben heißt Veränderung, Unbeständigkeit, und die Menschen sind sterblich. Mehr noch, man versagt sich im Voraus nicht nur das Glück, die heitere Seelenruhe, sondern auch die Freiheit. Die Wörter selbst sagen es: Sich verbunden zu fühlen, *sich zu binden*, heißt, nicht frei zu sein, und wenn man sich von diesen Bindungen durch die Liebe befreien will, muss man sich so früh wie möglich in der Weisheit der Bindungslosigkeit üben.

Eine andere, genau umgekehrte Antwort halten die großen Religionen, in erster Linie das Christentum, bereit, das sich als Einzige zur Auferstehung der Körper und nicht nur der Seelen bekennt. Sie besteht, du erinnerst dich, in dem Versprechen, dass wir, wenn wir mit unseren Angehörigen die Liebe in Gott praktizieren, die Liebe, die sich auf das Ewige und nicht auf das Sterbliche in ihnen richtet, sie eines Tages glücklich wiederfinden werden. Damit ist die Bindung nicht untersagt, vorausgesetzt, dass sie entsprechend angelegt ist. Dieses Versprechen wird im Evangelium durch die Episode vom Tod des Lazarus symbolisiert. Wie jeder gewöhnliche Sterbliche weint Christus, als er erfährt, dass sein Freund tot ist – was Buddha sich nie erlaubt hätte. Er weint, da er in seiner menschlichen Gestalt die Trennung als Trauer, als Leiden erfährt. Doch natürlich weiß er, dass er Lazarus bald wiedersehen wird, da die Liebe stärker ist als der Tod.

Das sind also die beiden Weisheiten, die beiden Heilslehren, die, obwohl sie sich in jedem oder fast jedem Punkt widersprechen, trotzdem dasselbe Problem behandeln: den Tod geliebter Menschen.

Um dir ganz einfach zu sagen, was ich darüber denke, so entspricht mir keine der beiden Haltungen, so tief sie manchen vorkommen mögen. Nicht nur kann ich nicht anders, als mich zu binden, ich habe nicht einmal Lust, darauf zu verzichten. Ich weiß ziemlich gut, was für Schmerzen mir bevorstehen – ich kenne die Bitterkeit bereits. Doch, wie es übrigens der Dalai-Lama selbst eingesteht, ist das einzige wahre Mittel, die Bindungslosigkeit zu leben, das mönchische Leben, wie es die Etymologie des Wortes sagt: Man muss allein leben, um frei zu sein, um die Bindungen zu vermeiden, und, offen gesagt, ich glaube, er hat Recht damit. Also muss ich mich, wie bereits von der stoischen, auch von der buddhistischen Weisheit verabschieden. Bei allem Respekt, aller Wertschätzung und Achtung, aber die Distanz ist unvermeidlich.

Da finde ich das christliche Dispositiv unendlich verführerischer … bis auf die Kleinigkeit, dass ich nicht daran glaube. Aber wenn es wahr wäre, wie man oft sagt, wäre ich sofort dabei. Ich erinnere mich an meinen Freund François Furet, einen der größten französischen Historiker, den ich sehr schätzte. Er war einmal bei Bernard Pivot ins Fernsehen eingeladen, der seine Sendung immer mit dem berühmten Fragebogen Prousts abschloss. Etwa ein Dutzend Fragen also, auf die man eine kurze Antwort geben musste. Die letzte war, was wir wünschten, dass Gott zu uns sagt, wenn wir ihm begegnen würden. François, der ein Atheist war, wie er im Buche steht, antwortete spontan: »Komm schnell herein, deine Liebsten erwarten dich!«

Ich hätte dasselbe gesagt – und glaube genauso wenig daran wie er.

Was kann man also tun, außer auf die Katastrophe zu warten und möglichst nicht daran zu denken?

Vielleicht tatsächlich nichts, vielleicht kann man aber auch trotz allem, ohne jede Illusion, in aller Stille ganz für sich allein so etwas wie eine »Weisheit der Liebe« entwickeln. Jeder weiß genau, dass man sich zum Beispiel mit seinen Eltern versöhnen soll – das Leben schafft fast unvermeidlich Spannungen –, bevor sie sterben. Denn danach, was auch das Christentum dazu sagt, ist es zu spät. Wenn man denkt, dass das Gespräch mit den geliebten Menschen nicht endlos weitergeht, muss man Konsequenzen daraus ziehen.

Ich weise dich nebenbei auf eine dieser Konsequenzen hin, um dir eine kleine Ahnung davon zu geben, was ich unter der Weisheit der Liebe verstehe. Ich bin der Meinung, dass Eltern ihre Kinder über die wichtigsten Dinge nie belügen dürfen. Ich kenne zum Beispiel mehrere Menschen, die nach dem Tod ihres Vaters festgestellt haben, dass er nicht ihr biologischer Vater war – entweder hatte ihre Mutter einen Geliebten, oder es war eine Adoption verheimlicht worden. In jedem Fall richtet eine solche Lüge beträchtlichen Schaden an. Nicht nur, weil die Entdeckung der Wahrheit früher oder später zu einem Desaster führt, sondern vor allem, weil es dem erwachsen gewordenen Kind nach dem Tod des Vaters, der nicht sein Vater im gewöhnlichen Sinn war, unmöglich geworden ist, sich mit ihm auszusprechen, ein Schweigen, eine Bemerkung, eine Haltung zu verstehen, die es geprägt haben und die es mit einem Sinn versehen möchte – was ihm nun für immer versagt bleibt.

Lassen wir es dabei bewenden – ich habe dir gesagt, dass diese Weisheit der Liebe meiner Ansicht nach von jedem einzeln und in aller Stille erarbeitet werden muss. Doch es scheint mir, dass wir, abseits von Buddhismus und Christentum, endlich lernen müssen, als Erwachsene zu leben und zu lieben, indem wir, wenn es sein muss, jeden Tag an den Tod denken. Nicht aus Faszination für das Morbide.

Ganz im Gegenteil – um herauszufinden, was hier und jetzt zu tun ist, und zwar freudig, gemeinsam mit denen, die wir lieben und die wir verlieren werden – wenn sie uns nicht vorher verlieren. Und ich bin sicher, dass eine solche Weisheit, auch wenn ich noch sehr weit von ihr entfernt bin, tatsächlich existiert, und dass sie die Krönung eines endlich von den Illusionen der Metaphysik und der Religion befreiten Humanismus darstellt.

5

GESCHICHTE UND GESELLSCHAFT

*Hegel bemerkte irgendwo, dass alle großen weltgeschichtlichen
Tatsachen und Personen sich sozusagen zweimal ereignen.
Er hat vergessen hinzuzufügen: das eine Mal als Tragödie,
das andere Mal als Farce.*

Karl Marx

Aristoteles

Natürlichkeit der Staatenbildung

Da wir sehen, dass jeder Staat eine Gemeinschaft ist und jede Gemeinschaft um eines Gutes willen besteht (denn alle Wesen tun alles um dessentwillen, was sie für gut halten), so ist es klar, dass zwar alle Gemeinschaften auf irgendein Gut zielen, am meisten aber und auf das unter allen bedeutendste Gut jene, die von allen Gemeinschaften die bedeutendste ist und alle übrigen in sich umschließt. Diese ist der sogenannte Staat und die staatliche Gemeinschaft. [...]

Daraus ergibt sich, dass der Staat zu den Dingen gehört, die von Natur aus existieren, und dass der Mensch seiner Natur nach ein staatenbildendes Lebewesen ist; derjenige, der auf Grund seiner Natur und nicht bloß aus Zufall außerhalb des Staates lebt, ist entweder schlecht oder höher als der Mensch; so etwa der von Homer beschimpfte: »ohne Geschlecht, ohne Gesetz und ohne Herd«. Denn dieser ist von Natur ein solcher und gleichzeitig gierig nach Krieg, da er unverbunden dasteht, wie man im Brettspiel sagt.

Daß ferner der Mensch in höherem Grade ein staatenbildendes Lebewesen ist als jede Biene oder irgendein Herdentier, ist klar. Denn die Natur macht, wie wir behaupten, nichts vergebens. Der Mensch ist aber das einzige Lebewesen, das Sprache besitzt. Die Stimme zeigt Schmerz und Lust an und ist darum auch den andern Lebewesen eigen (denn bis zu diesem Punkte ist ihre Natur gelangt, dass sie Schmerz und Lust wahrnehmen und dies einander anzeigen können); die Sprache dagegen dient dazu, das Nützliche und Schädliche mitzuteilen und so auch das Gerechte und Ungerechte. Dies ist nämlich im Gegensatz zu den andern Lebewesen dem Menschen eigentümlich, dass er allein die Wahrnehmung des Guten und Schlechten, des Gerechten und Ungerechten und so weiter besitzt. Die Gemeinschaft in diesen Dingen schafft das Haus und den Staat.

Der Staat ist denn auch von Natur ursprünglicher als das Haus oder jeder Einzelne von uns. Denn das Ganze muß ursprünglicher sein als der Teil. Wenn man nämlich das Ganze wegnimmt, so gibt es auch keinen Fuß oder keine Hand, außer der Bezeichnung nach, wie etwa eine Hand aus Stein; nur in diesem Sinn wird eine tote Hand noch eine Hand sein. In Wahrheit ist alles bestimmt durch seine besondere Leistung und Fähigkeit, und wenn es diese nicht mehr besitzt, kann es auch nicht mehr als dasselbe Ding bezeichnet werden außer der bloßen Bezeichnung nach. Dass also der Staat von Natur ist und ursprünglicher als der Einzelne, ist klar. Sofern nämlich der Einzelne nicht autark für sich zu leben vermag, so wird er sich verhalten wie auch sonst ein Teil zu einem Ganzen. Wer aber nicht in Gemeinschaft leben kann oder in seiner Autarkie ihrer nicht bedarf, der ist kein Teil des Staates, sondern ein wildes Tier oder Gott.

Alle Menschen haben also von Natur aus den Drang zu einer solchen Gemeinschaft, und wer sie als Erster aufgebaut hat, ist ein Schöpfer größter Güter. Wie nämlich der Mensch, wenn er vollendet ist, das beste der Lebewesen ist, so ist er abgetrennt von Gesetz und Recht das schlechteste von allen. Das Schlimmste ist die bewaffnete Ungerechtigkeit. Der Mensch besitzt seiner Natur nach als Waffen die Klugheit und Charakterstärke, und gerade sie kann man am allermeisten in verkehrtem Sinne gebrauchen. Darum ist der Mensch ohne Tugend das gottloseste und wildeste aller Wesen und in Liebeslust und Essgier das schlimmste. Die Gerechtigkeit dagegen ist der staatlichen Gemeinschaft eigen. Denn das Recht ist die Ordnung der staatlichen Gemeinschaft, und die Gerechtigkeit urteilt darüber, was gerecht sei.

Georg Christoph Lichtenberg

Tugend in allen Ständen

Wenn Freiheit, wie man sagt, dem Menschen natürlich ist, ist es ihm denn minder natürlich, sich dem Schutze eines andern zu unterwerfen, wenn er nicht Stärke oder nicht Tätigkeit genug hat? Da man sich über Könige weggesetzt hat, wird es nicht immer Menschen geben, die sich über Gesetze wegsetzen? *Tugend in allen Ständen ist die Hauptsache*, wo die nicht ist, da ist alles nichts, und Wechsel wird stets stattfinden. Alles, wofür ein Staat zu sorgen hat, ist, richtige Begriffe von Gott und der Natur in Umlauf zu bringen. Man hat sich über Könige weggesetzt, nicht weil sie Tyrannen waren; sondern man nannte sie so, weil man sich über sie wegsetzen wollte. Und wie, wenn es nun nie an Ehrgeizigen fehlen wird, die die Gesetze für Tyrannen halten?

Georg Wilhelm Friedrich Hegel

Zur Philosophie der Geschichte

Der Gegenstand dieser Vorlesung ist die philosophische Weltgeschichte, das heißt, es sind nicht allgemeine Reflexionen über dieselbe, welche wir aus ihr gezogen hätten und aus ihrem Inhalte als dem Beispiele erläutern wollten, sondern es ist die Weltgeschichte selbst. […]

Die Philosophie der Geschichte bedeutet nichts andres als die denkende Betrachtung derselben bedeutet. Das Denken können wir aber einmal nicht unterlassen; dadurch unterscheiden wir uns von dem Tier, und in der Empfindung, in der Kenntnis und Erkenntnis, in den Trieben und im Willen, sofern sie menschlich sind, ist ein Denken. Diese Berufung auf das Denken kann aber deswegen hier als ungenügend erscheinen, weil in der Geschichte das Denken dem Gegebenen und Seienden untergeordnet ist, dasselbe zu seiner Grundlage hat und davon geleitet wird, der Philosophie im Gegenteil aber eigne Gedanken zugeschrieben werden, welche die Spekulation aus sich, ohne Rücksicht auf das, was ist, hervorbringe. Gehe sie mit solchen an die Geschichte, so behandle sie sie wie ein Material, lasse sie nicht, wie sie ist, sondern richte sie nach dem Gedanken ein, *konstruiere sie* daher, wie man sagt, *a priori*. Da die Geschichte nun aber bloß aufzufassen hat, was ist und gewesen ist, die Begebenheiten und Taten, und umso wahrer bleibt, je mehr sie sich an das Gegebene hält, so scheint mit diesem Treiben das Geschäft der Philosophie in Widerspruch zu stehen, und dieser Widerspruch und der daraus für die Spekulation entspringende Vorwurf soll hier erklärt und widerlegt werden, ohne daß wir uns deswegen in Berichtigungen der unendlich vielen und speziellen schiefen Vorstellungen einlassen wollen, die über den Zweck, die Interessen und die Behandlungen des Geschichtlichen und seines Verhältnisses zur Philosophie im Gange sind oder immer wieder neu erfunden werden.

Der einzige Gedanke, den die Philosophie mitbringt, ist aber der einfache Gedanke der Vernunft, daß die Vernunft die Welt beherrsche, daß es also auch in der Weltgeschichte vernünftig zugegangen sei. Diese Überzeugung und Einsicht ist eine *Voraussetzung* in Ansehung der Geschichte als solcher überhaupt; in der Philosophie selbst ist dies keine Voraussetzung. Durch die spekulative Erkenntnis in ihr wird es erwiesen, daß die Vernunft, – bei diesem Ausdrucke können wir hier stehen bleiben, ohne die Beziehung und das Verhältnis zu Gott näher zu erörtern –, die *Substanz* wie die *unendliche Macht*, sich selbst der *unendliche Stoff* alles natürlichen und geistigen Lebens wie die *unendliche Form*, die Betätigung dieses ihres Inhalts ist. Die *Substanz* ist sie, nämlich das, wodurch und worin alle Wirklichkeit ihr Sein und Bestehen hat, – die *unendliche Macht*, indem die Vernunft nicht so ohnmächtig ist, es nur bis zum Ideal, bis zum Sollen zu bringen und nur außerhalb der Wirklichkeit, wer weiß wo, als etwas Besonderes in den Köpfen einiger Menschen vorhanden zu sein; der *unendliche Inhalt*, alle Wesenheit und Wahrheit, und ihr selbst ihr Stoff, den sie ihrer *Tätigkeit* zu verarbeiten gibt, denn sie bedarf nicht, wie endliches Tun, der Bedingungen eines äußerlichen Materials gegebener Mittel, aus denen sie Nahrung und Gegenstände ihrer Tätigkeit empfinge, sie zehrt aus sich und ist sich selbst das Material, das sie verarbeitet; wie sie sich nur ihre eigne Voraussetzung und der absolute Endzweck ist, so ist sie selbst dessen Betätigung und Hervorbringung aus dem Inneren in die Erscheinung, nicht nur des natürlichen Universums, sondern auch des geistigen, – in der Weltgeschichte. Daß nun solche Idee das Wahre, das Ewige, das schlechthin Mächtige ist, daß sie sich in der Welt offenbart und nichts in ihr sich offenbart als sie, ihre Ehre und Herrlichkeit, das ist es, was, wie gesagt, in der Philosophie bewiesen und hier so als bewiesen vorausgesetzt wird. [...]

Es hat sich erst aus der Betrachtung der Weltgeschichte selbst zu ergeben, daß es vernünftig in ihr zugegangen sei, daß sie der vernünftige, notwendige Gang des Weltgeistes gewesen, des Geistes, dessen Natur zwar immer eine und dieselbe ist, der aber in dem Weltdasein diese seine eine Natur expliziert. Dies muß, wie gesagt, das Ergebnis der Geschichte sein. Die Geschichte aber haben wir zu nehmen, wie sie ist: wir haben historisch, empirisch zu verfahren; unter anderm müssen wir uns nicht durch die Historiker vom Fach verführen lassen, denn diese, namentlich Deutsche, welche eine große Autorität besitzen, machen das, was sie den Philosophen vorwerfen, nämlich *a priori*sche Erdichtungen in der Geschichte. [...]

Als die erste Bedingung könnten wir somit aussprechen,

daß wir das Historische getreu auffassen; allein in solchen allgemeinen Ausdrücken, wie treu und auffassen, liegt die Zweideutigkeit. Auch der gewöhnliche und mittelmäßige Geschichtsschreiber, der etwa meint und vorgibt, er verhalte sich nur aufnehmend, nur dem Gegebenen sich hingebend, ist nicht passiv mit seinem Denken und bringt seine Kategorien mit und sieht durch sie das Vorhandene; bei allem insbesondere, was wissenschaftlich sein soll, darf die Vernunft nicht schlafen, und muß Nachdenken angewandt werden; wer die Welt vernünftig ansieht, den sieht sie auch vernünftig an, beides ist in Wechselbestimmung. […]
Nur an zwei Formen und Gesichtspunkte über die allgemeine Überzeugung, daß Vernunft in der Welt und ebenso in der Weltgeschichte geherrscht habe und herrsche, will ich erinnern […].
Das eine ist das Geschichtliche, daß der Grieche Anaxagoras zuerst gesagt hat, der Verstand überhaupt, oder die Vernunft, regiere die Welt, – nicht eine Intelligenz als selbstbewußte Vernunft, nicht ein Geist als solcher –, beides müssen wir sehr wohl voneinander unterscheiden. […]
Das Weitere ist, daß diese Erscheinung des Gedankens, daß die Vernunft die Welt regiere, mit einer weiteren Anwendung zusammenhängt, die uns wohl bekannt ist, – in der Form der religiösen Wahrheit nämlich, daß die Welt nicht dem Zufall und äußerlichen zufälligen Ursachen preisgegeben sei, sondern eine *Vorsehung* die Welt regiere. Ich erklärte vorhin, daß ich nicht auf Ihren Glauben an das angegebene Prinzip Anspruch machen wolle, jedoch an den Glauben *daran*, in *dieser religiösen Form*, dürfte ich appellieren, wenn überhaupt die Eigentümlichkeit der Wissen-

schaft der Philosophie es zuließe, daß Voraussetzungen gelten, oder von einer andern Seite gesprochen, weil die Wissenschaft, welche wir abhandeln wollen, selbst erst den Beweis, obzwar nicht der Wahrheit, aber der Richtigkeit jenes Grundsatzes geben soll. Die Wahrheit nun, daß eine, und zwar die göttliche Vorsehung den Begebenheiten der Welt vorstehe, entspricht dem angegebenen Prinzipe, denn die göttliche Vorsehung ist die Weisheit nach unendlicher Macht, welche ihre Zwecke, das ist, den absoluten, vernünftigen Endzweck der Welt verwirklicht: die Vernunft ist das ganz frei sich selbst bestimmende Denken. Aber weiterhin tut sich nun auch die Verschiedenheit, ja der Gegensatz dieses Glaubens und unsres Prinzips gerade auf dieselbe Weise hervor wie die Forderung des Sokrates bei dem Grundsatze des Anaxagoras. Jener Glaube ist nämlich gleichfalls unbestimmt, ist, was man Glaube an die Vorsehung überhaupt nennt, und geht nicht zum Bestimmten, zur Anwendung auf das Ganze, auf den umfassenden Verlauf der Weltgeschichte fort. Die Geschichte erklären aber heißt, die Leidenschaften des Menschen, ihr Genie, ihre wirkenden Kräfte enthüllen, und diese Bestimmtheit der Vorsehung nennt man gewöhnlich ihren *Plan*. [...] Ich habe mit der Erwähnung der Erkenntnis des Plans der göttlichen Vorsehung überhaupt an eine in unsern Zeiten an Wichtigkeit obenanstehende Frage erinnert, an die nämlich, über die Möglichkeit Gott zu erkennen, oder vielmehr, indem es aufgehört hat eine Frage zu sein, an die zum Vorurteil gewordene Lehre, daß es unmöglich sei, Gott zu erkennen. Dem geradezu entgegengesetzt, was in der Heiligen Schrift als höchste Pflicht geboten wird, nicht bloß Gott zu lieben, sondern auch zu erkennen, herrscht jetzt das Geleugne dessen vor, was ebendaselbst gesagt ist, daß der Geist es sei, der in die Wahrheit einführe, daß er alle Dinge erkenne, selbst die Tiefen der Gottheit durchdringe. Indem man das göttliche Wesen jenseits unsrer Erkenntnis und der menschlichen Dinge überhaupt stellt, so erlangt man damit die Bequemlichkeit, sich in seinen eignen Vorstellungen zu ergehen. Man ist davon befreit, seiner Erkenntnis eine Beziehung auf das Göttliche und Wahre zu geben; im Gegenteil hat dann die Eitelkeit derselben und das subjektive Gefühl für sich vollkommene Berechtigung; und die fromme Demut, indem sie sich die Erkenntnis Gottes vom Leibe hält, weiß sehr wohl, was sie für ihre Willkür und eitles Treiben damit gewinnt. Ich habe deshalb die Erwähnung, daß unser Satz, die Vernunft regiere die Welt und habe sie regiert, mit der Frage von der Möglichkeit der Erkenntnis Gottes zusammenhängt, nicht unterlassen wollen, um nicht den Verdacht zu vermeiden, als ob die Philosophie sich scheue oder zu scheuen habe, an die religiösen Wahrheiten zu erinnern, und denselben aus dem Wege ginge, und zwar, weil sie gegen dieselben, sozusagen, kein gutes Gewissen habe. Vielmehr ist es in neueren Zeiten so weit gekommen, daß die Philosophie sich des religiösen Inhalts gegen manche Art von Theologie anzunehmen hat. In der christlichen Religion hat Gott sich geoffenbart, das heißt, er hat dem Menschen zu erkennen gegeben, was er ist, so daß er nicht mehr ein Verschlossenes, Geheimes ist; es ist uns mit dieser Möglichkeit, Gott zu erkennen, die Pflicht dazu auferlegt. Gott will nicht engherzige Gemüter und leere Köpfe zu seinen Kindern, sondern solche, deren Geist von sich selbst arm, aber reich an Erkenntnis seiner ist, und die in diese Erkenntnis Gottes allein allen Wert setzen. Die Entwicklung des denkenden Geistes, welche aus dieser Grundlage der Offenbarung des göttlichen Wesens ausgegangen ist, muß dazu endlich gedeihen, das, was dem fühlenden und vorstellenden Geiste zunächst vorgelegt worden, auch mit dem Gedanken zu erfassen; es muß endlich an der Zeit sein, auch diese reiche Produktion der schöpferischen Vernunft zu begreifen, welche die Weltgeschichte ist.

Es war eine Zeitlang Mode, Gottes Weisheit in Tieren, Pflanzen, einzelnen Schicksalen zu bewundern. Wenn zugegeben wird, daß die Vorsehung sich in solchen Gegenständen und Stoffen offenbare, warum nicht auch in der Weltgeschichte? Dieser Stoff scheint zu groß. Aber die göttliche Weisheit, d. i. die Vernunft, ist eine und dieselbe im Großen wie im Kleinen, und wir müssen Gott nicht für zu schwach halten, seine Weisheit aufs große anzuwenden. Unsre Erkenntnis geht darauf, die Einsicht zu gewinnen, daß das von der ewigen Weisheit Bezweckte, wie auf dem Boden der Natur, so auf dem Boden des in der Welt wirklichen und tätigen Geistes, herausgekommen ist. Unsre Betrachtung ist insofern eine Theodizee, eine Rechtfertigung Gottes, welche Leibniz metaphysisch auf seine Weise in noch unbestimmten, abstrakten Kategorien versucht hat, so daß das Übel in der Welt begriffen, der denkende Geist mit dem Bösen versöhnt werden sollte. In der Tat liegt nirgend eine größere Aufforderung zu solcher versöhnenden Erkenntnis als in der Weltgeschichte. Diese Aussöhnung kann nur durch die Erkenntnis des Affirmativen erreicht werden, in welchem jenes Negative zu einem Untergeordneten und

Überwundenen verschwindet, durch das Bewußtsein, teils was in Wahrheit der Endzweck der Welt sei, teils daß derselbe in ihr verwirklicht worden sei, und nicht das Böse neben ihm sich letzlich geltend gemacht habe. [...]

Erst die germanischen Nationen sind im Christentume zum Bewußtsein gekommen, daß der Mensch als Mensch frei ist, die Freiheit des Geistes seine eigenste Natur ausmacht; dies Bewußtsein ist zuerst in der Religion, in der innersten Region des Geistes aufgegangen; aber dieses Prinzip auch in das weltliche Wesen einzubilden, das war eine weitere Aufgabe, welche zu lösen und auszuführen eine schwere lange Arbeit der Bildung erfordert. Mit der Annahme der christlichen Religion hat z. B. nicht unmittelbar die Sklaverei aufgehört, noch weniger ist damit sogleich in den Staaten die Freiheit herrschend, sind die Regierungen und Verfassungen auf eine vernünftige Weise organisiert oder gar auf das Prinzip der Freiheit gegründet worden. Diese Anwendung des Prinzips auf die Weltlichkeit, die Durchbildung und Durchdringung des weltlichen Zustandes durch dasselbe ist der lange Verlauf, welcher die Geschichte selbst ausmacht. Wie nun dieser Unterschied in Ansehung des christlichen Prinzips des Selbstbewußtseins, der Freiheit, hier vorläufig herausgehoben worden, so findet er auch wesentlich statt in Ansehung des Prinzips der Freiheit überhaupt. *Die Weltgeschichte ist der Fortschritt im Bewußtsein der Freiheit*, – ein Fortschritt, den wir in seiner Notwendigkeit zu erkennen haben.

Mit dem, was ich im allgemeinen über den Unterschied des Wissens von der Freiheit gesagt habe, und zwar zunächst in der Form, daß die Orientalen nur gewußt haben, daß *Einer* frei, die griechische und römische Welt aber, daß *Einige* frei sind, daß *wir* aber wissen, *alle* Menschen an sich, das heißt der Mensch als Mensch sei frei, ist auch zugleich die Einteilung der Weltgeschichte und die Art, in der wir sie abhandeln werden, angegeben. Dies ist jedoch nur im Vorbeigehen vorläufig bemerkt; wir haben vorher noch einige Begriffe zu explizieren.

Es ist also, als die Bestimmung der geistigen Welt, und indem diese die substantielle Welt ist und die physische ihr untergeordnet bleibt, oder im spekulativen Ausdruck, keine Wahrheit gegen die erste hat, – als der *Endzweck der Welt*, das Bewußtsein des Geistes von seiner Freiheit und ebendamit die Wirklichkeit seiner Freiheit überhaupt angegeben worden. Daß aber diese Freiheit, wie sie angegeben wurde, selbst noch unbestimmt und ein unendlich vieldeutiges Wort ist, daß sie, indem sie das Höchste ist, unendlich viele Mißverständnisse, Verwirrungen und Irrtümer mit sich führt und alle möglichen Ausschweifungen in sich begreift, dies ist etwas, was man nie besser gewußt und erfahren hat als in jetziger Zeit. […] Dieser Endzweck ist das, worauf in der Weltgeschichte hingearbeitet worden, dem alle Opfer auf dem weiten Altar der Erde und in dem Verlauf der langen Zeit gebracht worden. Dieser ist es allein, der sich durchführt und vollbringt, das allein Ständige in dem Wechsel aller Begebenheiten und Zustände, so wie das wahrhaft Wirksame in ihnen. Dieser Endzweck ist das, was Gott mit der Welt will, Gott aber ist das Vollkommenste und kann darum nichts als sich selbst, seinen eignen Willen wollen. Was aber die Natur seines Willens, d. h. seine Natur überhaupt ist, dies ist es, was wir, indem wir die religiöse Vorstellung in Gedanken fassen, hier die Idee der Freiheit nennen. Die jetzt aufzuwerfende unmittelbare Frage kann nur die sein: welche Mittel gebraucht sie zu ihrer Realisation? Dies ist das zweite, was hier zu betrachten ist.

Diese Frage nach den *Mitteln*, wodurch sich die Freiheit zu einer Welt hervorbringt, führt uns in die Erscheinung der Geschichte selbst. Wenn die Freiheit als solche zunächst der innere Begriff ist, so sind die Mittel dagegen ein Äußerliches, das Erscheinende, das in der Geschichte unmittelbar vor die Augen tritt und sich darstellt. Die nächste Ansicht der Geschichte überzeugt uns, daß die Handlungen der Menschen von ihren Bedürfnissen, ihren Leidenschaften, ihren Interessen, ihren Charakteren und Talenten ausgehen, und zwar so, daß es in diesem Schauspiel der Tätigkeit nur die Bedürfnisse, Leidenschaften, Interessen sind, welche als die Triebfedern erscheinen und als das Hauptwirksame vorkommen. Wohl liegen darin auch allgemeine Zwecke, ein Guteswollen, edle Vaterlandsliebe; aber diese Tugenden und dieses Allgemeine stehen in einem unbedeutenden Verhältnisse zur Welt und zu dem, was sie erschafft. Wir können wohl die Vernunftbestimmung in diesen Subjekten selbst und in den Kreisen ihrer Wirksamkeit realisiert sehen, aber sie sind in einem geringen Verhältnis zu der Masse des Menschengeschlechts; ebenso ist der Umfang des Daseins, den ihre Tugenden haben, relativ von geringer Ausdehnung. Die Leidenschaften dagegen, die Zwecke des partikularen Interesses, die Befriedigung der Selbstsucht, sind das Gewaltigste; sie haben ihre Macht darin, daß sie keine der Schranken achten, welche das Recht und die Moralität ihnen setzen wollen, und daß diese Naturgewalten dem Menschen unmittelbar näher liegen als die künstliche und langwierige Zucht zur Ordnung und Mäßigung, zum Rechte und zur Moralität. Wenn wir dieses Schauspiel der Leidenschaften betrachten und die Folgen ihrer Gewalttätigkeit, des Unverstandes erblicken, der sich nicht nur zu ihnen, sondern selbst auch und sogar vornehmlich zu dem, was gute Absichten, rechtliche Zwecke sind, gesellt, wenn wir daraus das Übel, das Böse, den Untergang der blühendsten Reiche, die der Menschengeist hervorgebracht hat, sehen, so können wir nur mit Trauer über diese Vergänglichkeit überhaupt erfüllt werden, und indem dieses Untergehen nicht nur ein Werk der Natur, sondern des Willens der Menschen ist, mit einer moralischen Betrübnis, mit einer Empörung des guten Geistes, wenn ein solcher in uns ist, über solches Schauspiel enden. [...]

Diese unermeßliche Masse von Wollen, Interessen und Tätigkeiten sind die Werkzeuge und Mittel des Weltgeistes, seinen Zweck zu vollbringen, ihn zum Bewußtsein zu erheben und zu verwirklichen; und dieser ist nur, sich zu finden, zu sich selbst zu kommen und sich als Wirklichkeit anzuschauen. Daß aber jene Lebendigkeiten der Individuen und der Völker, indem sie das Ihrige suchen und befriedigen, zugleich die Mittel und Werkzeuge eines Höheren und Weiteren sind, von dem sie nichts wissen, das sie bewußtlos vollbringen, das ist es, was zur Frage gemacht werden könnte, auch gemacht worden ist, und was ebenso vielfältig geleugnet wie als Träumerei und Philosophie verschrieen und verachtet worden ist. Darüber aber habe ich gleich von Anfang an mich erklärt und unsre Voraussetzung (die sich aber am Ende erst als Resultat ergeben sollte) und unsern Glauben behauptet, daß die Vernunft die Welt regiert und so auch die Weltgeschichte regiert hat. Jene Frage nimmt auch die Form an, von der Vereinigung der *Freiheit* und *Notwendigkeit*, indem wir den inneren, an und für sich seienden Gang des Geistes als das Notwendige betrachten, dagegen das, was im bewußten Willen der Menschen als ihr Interesse erscheint, der Freiheit zuschreiben. […]

Dieses Extrem für sich existierend im Unterschied von dem absoluten, allgemeinen Wesen ist ein besonderes, weiß die Besonderheit und will dieselbe; es ist überhaupt auf dem Standpunkt der Erscheinung. Hieher fallen die besonderen Zwecke, indem die Individuen sich in ihre Partikularität legen, sie ausfüllen und verwirklichen. Dieser Standpunkt ist denn auch der des Glücks oder Unglücks. Glücklich ist derjenige, welcher sein Dasein seinem besonderen Charakter, Wollen und Willkür angemessen hat und so in seinem Dasein sich selbst genießt. *Die Weltgeschichte ist nicht der Boden des Glücks.* Die Perioden des Glücks sind leere Blätter in ihr; denn sie sind die Perioden der Zusammenstimmung, des fehlenden Gegensatzes. […] Die Weltgeschichte zeigt nur, wie der Geist allmählich zum Bewußtsein und zum Wollen der Wahrheit kommt; es dämmert in ihm, er findet Hauptpunkte, am Ende gelangt er zum vollen Bewußtsein.

Die abstrakte Veränderung überhaupt, welche in der Geschichte vorgeht, ist längst in einer allgemeinen Weise gefaßt worden, so daß sie zugleich einen *Fortgang zum Besseren, Vollkommneren* enthalte.

Leopold von Ranke

Über die Epochen der neueren Geschichte

Wie der Begriff »Fortschritt« in
der Geschichte aufzufassen sei

Wollte man mit manchem Philosophen annehmen, daß die ganze Menschheit sich von einem gegebenen Urzustande zu einem positiven Ziel fortentwickelte, so könnte man sich dieses auf zweierlei Weise vorstellen: entweder, daß ein allgemein leitender Wille die Entwicklung des Menschengeschlechts von einem Punkt nach dem anderen forderte, – oder, daß in der Menschheit gleichsam ein Zug der geistigen Natur liege, welcher die Dinge mit Notwendigkeit nach einem bestimmten Ziele hintreibt. – Ich möchte diese beiden Ansichten weder für philosophisch haltbar, noch für historisch nachweisbar halten. Philosophisch kann man diesen Gesichtspunkt nicht für annehmbar erklären, weil er im ersten Fall die menschliche Freiheit geradezu aufhebt und die Menschen zu willenlosen Werkzeugen stempelt; und weil im andern Fall die Menschen geradezu entweder Gott oder gar nichts sein müßten.

Auch historisch aber sind diese Ansichten nicht nachweisbar; denn fürs erste findet sich der größte Teil der Menschheit noch im Urzustande, im Ausgangspunkte selbst; und dann fragt es sich: was ist Fortschritt? Wo ist der Fortschritt der Menschheit zu bemerken? – Es gibt Elemente der großen historischen Entwicklung, die sich in der römischen und germanischen Nation fixiert haben; hier gibt es allerdings eine von Stufe zu Stufe sich entwickelnde geistige Macht. Ja es ist in der ganzen Geschichte eine gleichsam historische Macht des menschlichen Geistes nicht zu verkennen; das ist eine in der Urzeit gegründete Bewegung, die sich mit einer gewissen Stetigkeit fortsetzt. Allein es gibt in der Menschheit überhaupt doch nur ein System von Bevölkerungen, welche an dieser allgemein historischen Bewegung teilnehmen, dagegen andre, die davon ausgeschlossen sind. Wir können aber im allgemeinen auch die in der historischen Bewegung begriffenen Nationalitäten nicht als im stetigen Fortschritt befindlich ansehen. Wenden wir z. B. unser Augenmerk auf Asien, so sehen wir, daß dort die Kultur entsprungen ist, und daß dieser Weltteil mehrere Kulturepochen gehabt hat. Allein dort ist die Bewegung im ganzen eher eine rückgängige gewesen; denn die älteste Epoche der asiatischen Kultur war die blühendste; die zweite und dritte Epoche, in welcher das griechische und römische Element dominierten, war schon nicht mehr so bedeutend, und mit dem Einbrechen der Barbaren – der Mongolen – fand die Kultur in Asien vollends ein Ende. Man hat sich dieser Tatsache gegenüber mit der Hypothese geographischen Fortschreitens helfen wollen; allein ich muß es von vornherein für eine leere Behauptung erklären, wenn man annimmt, wie z. B. Peter der Große, die Kultur mache die Runde um den Erdball; sie sei von Osten gekommen und kehre dahin wieder zurück.

Fürs zweite ist hierbei ein andrer Irrtum zu vermeiden, nämlich der, als ob die fortschreitende Entwicklung der Jahrhunderte zu gleicher Zeit alle Zweige des menschlichen Wesens und Könnens umfaßte. Die Geschichte zeigt uns, um beispielsweise nur ein Moment hervorzuheben, daß in der neueren Zeit die Kunst im 15. und in der ersten Hälfte des 16. Jahrhunderts am meisten geblüht hat; dagegen ist sie am Ende des 17. und in den ersten drei Vierteilen des 18. Jahrhunderts am meisten heruntergekommen. Geradeso verhält es sich mit der Poesie: auch hier sind es nur Momente, wo diese Kunst wirklich hervortritt; es zeigt sich jedoch nicht, daß sich dieselbe im Laufe der Jahrhunderte zu einer höheren Potenz steigert.

Wenn wir somit ein geographisches Entwicklungsgesetz ausschließen, wenn wir andrerseits annehmen müssen, wie uns die Geschichte lehrt, daß Völker zugrunde gehen können, bei denen die begonnene Entwicklung nicht stetig alles umfaßt, so werden wir besser erkennen, worin die fortdauernde Bewegung der Menschheit wirklich besteht. Sie beruht darauf, daß die großen geistigen Tendenzen, welche die Menschheit beherrschen, sich bald auseinander erheben, bald aneinander reihen. In diesen Tendenzen ist aber immer eine bestimmte partikuläre Richtung, welche vorwiegt und bewirkt, daß die übrigen zurücktreten.

So war z. B. in der zweiten Hälfte des 16. Jahrhunderts das religiöse Element so überwiegend, daß das literarische vor demselben zurücktrat. Im 18. Jahrhundert hingegen gewann das Utilisierungsbestreben [Steigerung und Regelung der Wirtschaft/Produktion, Merkantilismus] ein solches Terrain, daß vor diesem die Kunst und die ihr verwandten Tätigkeiten weichen mußten. In jeder Epoche der Menschheit äußert sich also eine bestimmte große Tendenz, und der Fortschritt beruht darauf, daß eine gewisse Bewegung des menschlichen Geistes in jeder Periode sich darstellt, welche bald die eine, bald die andere Tendenz hervorhebt und in derselben sich eigentümlich manifestiert.

Wollte man aber im Widerspruch mit der hier geäußerten Ansicht annehmen, dieser Fortschritt bestehe darin, daß in jeder Epoche das Leben der Menschheit sich höher potenziert, daß also jede Generation die vorhergehende vollkommen übertreffe, mithin die letzte allemal die bevorzugte, die vorhergehenden aber nur die Träger der nachfolgenden wären, so würde das eine Ungerechtigkeit der Gottheit sein. Eine solche gleichsam mediatisierte [= als Zwischenstufe geltende Fußnote] Generation würde an und für sich eine Bedeutung nicht haben; sie würde nur insofern etwas bedeuten, als sie die Stufe der nachfolgenden Generation wäre, und würde nicht in unmittelbarem Bezug zum Göttlichen stehen. Ich aber behaupte: jede Epoche ist unmittelbar zu Gott, und ihr Wert beruht gar nicht auf dem, was aus ihr hervorgeht, sondern in ihrer Existenz selbst, in ihrem eignen Selbst. Dadurch bekommt die Betrachtung der Historie, und zwar des individuellen Lebens in der Historie einen ganz eigentümlichen Reiz, indem nun jede Epoche als etwas für sich Gültiges angesehen werden muß und der Betrachtung höchst würdig erscheint.

Der Historiker hat also ein Hauptaugenmerk erstens darauf zu richten, wie die Menschen in einer bestimmten Periode gedacht und gelebt haben; dann findet er, daß, abgesehen von gewissen unwandelbaren ewigen Hauptideen, z. B. den moralischen, jede Epoche ihre besondere Tendenz und ihr eigenes Ideal hat. Wenn nun aber auch jede Epoche an und für sich ihre Berechtigung und ihren Wert hat, so darf doch nicht übersehen werden, was aus ihr hervorging. Der Historiker hat also fürs zweite auch den Unterschied zwischen den einzelnen Epochen wahrzunehmen, um die innere Notwendigkeit der Aufeinanderfolge zu betrachten. Ein gewisser Fortschritt ist hierbei nicht zu verkennen; aber ich möchte nicht behaupten, daß sich derselbe in einer geraden Linie bewegt; sondern mehr wie ein Strom, der sich auf seine eigne Weise den Weg bahnt. Die Gottheit – wenn ich diese Bemerkung wagen darf – denke ich mir so, daß sie, da ja keine Zeit vor ihr liegt, die ganze historische Menschheit in ihrer Gesamtheit überschaut und überall gleich wert findet. Die Idee von der Erziehung des Menschengeschlechts hat allerdings etwas Wahres an sich; aber vor Gott erscheinen alle Generationen der Menschheit gleichberechtigt, und so muß auch der Historiker die Sache ansehen.

Ein unbedingter Fortschritt, eine höchst entschiedene Steigerung ist anzunehmen, soweit wir die Geschichte verfolgen können, im Bereiche der materiellen Interessen, in welchen auch ohne eine ganz ungeheure Umwälzung ein Rückschritt kaum wird stattfinden können; in moralischer Hinsicht aber läßt sich der Fortschritt nicht verfolgen. Die moralischen Ideen können freilich extensiv fortschreiten; und so kann man auch in geistiger Hinsicht behaupten, daß z. B. die großen Werke, welche die Kunst und Literatur hervorgebracht, heutzutage von einer größeren Menge genossen werden, als früher; aber es wäre lächerlich, ein größerer Epiker sein zu wollen, als Homer, oder ein größerer Tragiker als Sophokles.

Was von den sogenannten leitenden Ideen in der Geschichte zu halten sei

Die Philosophen, namentlich aber die Hegelsche Schule hat hierüber gewisse Ideen aufgestellt, wonach die Geschichte der Menschheit wie ein logischer Prozeß in Satz, Gegensatz, Vermittlung, in Positivem und Negativem sich abspinne. In der Scholastik aber geht das Leben unter, und so würde auch diese Anschauung von der Geschichte, dieser Prozeß des sich selbst nach verschiedenen logischen Kategorien entwickelnden Geistes uns auf das zurückführen, was wir oben bereits verwarfen. Nach dieser Ansicht würde bloß die *Idee* ein selbständiges Leben haben; alle *Menschen* aber wären bloße Schatten oder Schemen, welche sich mit der Idee erfüllten. Der Lehre, wonach der Weltgeist die Dinge gleichsam durch Betrug hervorbringt und sich der menschlichen Leidenschaften bedient, um seine Zwecke zu erreichen, liegt eine höchst unwürdige Vorstellung von Gott und der Menschheit zugrunde; sie kann auch konsequent nur zum Pantheismus führen; die Menschheit ist dann der werdende Gott, der sich durch einen geistigen Prozeß, der in seiner Natur liegt, selbst gebiert.

Ich kann also unter leitenden Ideen nichts andres verstehen, als daß sie die herrschenden Tendenzen in jedem Jahrhundert sind. Diese Tendenzen können indessen nur beschrieben, nicht aber in letzter Instanz in einem Begriff summiert werden; sonst würden wir auf das oben Verworfene neuerdings zurückkommen.

Der Historiker hat nun die großen Tendenzen der Jahrhunderte auseinanderzunehmen und die große Geschichte der Menschheit aufzurollen, welche eben der Komplex dieser verschiedenen Tendenzen ist. Vom Standpunkt der göttlichen Idee kann ich mir die Sache nicht anders denken, als daß die Menschheit eine unendliche Mannigfaltigkeit von Entwicklungen in sich birgt, welche nach und nach zum Vorschein kommen, und zwar nach Gesetzen, die uns unbekannt sind, geheimnisvoller und größer, als man denkt.

Arthur Schopenhauer

Nationalstolz

Die hier geschilderte Torheit unserer Natur treibt hauptsächlich drei Sprößlinge: Ehrgeiz, Eitelkeit und Stolz. Zwischen diesen zwei letzteren beruht der Unterschied darauf, daß der *Stolz* die bereits feststehende Überzeugung vom eigenen überwiegenden Werte, in irgendeiner Hinsicht ist; *Eitelkeit* hingegen der Wunsch, in andern eine solche Überzeugung zu erwecken, meistens begleitet von der stillen Hoffnung, sie, in Folge davon, auch selbst zu der seinigen machen zu können. Demnach ist Stolz die von *innen* ausgehende, folglich direkte Hochschätzung seiner selbst; hingegen Eitelkeit das Streben, solche von *außen* her, also indirekt zu erlangen. Dementsprechend macht die Eitelkeit gesprächig, der Stolz schweigsam. Aber der Eitle sollte wissen, daß die hohe Meinung anderer, nach der er trachtet, sehr viel leichter und sicherer durch anhaltendes Schweigen zu erlangen ist, als durch Sprechen, auch wenn einer die schönsten Dinge zu sagen hätte. – Stolz ist nicht wer will, sondern höchstens kann wer will Stolz affektieren, wird aber aus dieser, wie aus jeder angenommenen Rolle bald herausfallen. Denn nur die feste, innere, unerschütterliche Überzeugung von überwiegenden Vorzügen und besonderem Werte macht wirklich stolz. Diese Überzeugung mag nun irrig sein, oder auch auf bloß äußerlichen und konventionellen Vorzügen beruhen, – das schadet dem Stolze nicht, wenn sie nur wirklich und ernstlich vorhanden ist. Weil also der Stolz seine Wurzel in der *Überzeugung* hat, steht er, wie alle Erkenntnis, nicht in unserer *Willkür*. Sein schlimmster Feind, ich meine sein größtes Hindernis, ist die Eitelkeit, als welche um den Beifall anderer buhlt, um die eigene hohe Meinung von sich erst darauf zu gründen, in welcher bereits ganz fest zu sein die Voraussetzung des Stolzes ist.

So sehr nun auch durchgängig der Stolz getadelt und verschrien wird, so vermute ich doch, daß dies hauptsächlich von solchen ausgegangen ist, die nichts haben, darauf sie stolz sein könnten. Der Unverschämtheit und Dummdreistigkeit der meisten Menschen gegenüber, tut jeder, der irgendwelche Vorzüge hat, ganz wohl, sie selbst im Auge zu behalten, um nicht sie gänzlich in Vergessenheit geraten zu lassen: denn wer, solche gutmütig ignorierend, mit jenen sich geriert, als wäre er ganz ihresgleichen, den werden sie treuherzig sofort dafür halten. Am meisten aber möchte ich solches denen anempfehlen, deren Vorzüge von der höchsten Art, d. h. reale, und also rein persönliche sind, da diese nicht, wie Orden und Titel, jeden Augenblick durch sinnliche Einwirkung in Erinnerung gebracht werden: denn sonst werden sie oft genug das: ein Schwein stellt sich der Minerva gegenüber: sehen. »Scherze mit dem Sklaven, bald wird er dir den Hintern zeigen« – ist ein vortreffliches arabisches Sprichwort, und das Horazische: Maße dir den Stolz an, zu dem du durch deine Verdienste berechtigt bist, – ist nicht zu verwerfen. Wohl aber ist die Tugend der Bescheidenheit eine erkleckliche Erfindung für die Lumpe, da ihr gemäß jeder von sich zu reden hat, als wäre auch er ein solcher, welches herrlich nivelliert, indem es dann so herauskommt, als gäbe es überhaupt nichts als Lumpe.

Die wohlfeilste Art des Stolzes hingegen ist der *Nationalstolz*. Denn er verrät in dem damit Behafteten den Mangel an *individuellen* Eigenschaften, auf die er stolz sein könnte, indem er sonst nicht zu dem greifen würde, was er mit so vielen Millionen teilt. Wer bedeutende persönliche Vorzüge besitzt, wird vielmehr die Fehler seiner eigenen Nation, da er sie beständig vor Augen hat, am deutlichsten erkennen. Aber jeder erbärmliche Tropf, der nichts in der Welt hat, darauf er stolz sein könnte, ergreift das letzte Mittel, auf die Nation, der er gerade angehört, stolz zu sein: hieran erholt er sich und ist nun dankbarlich bereit alle Fehler und Torheiten, die ihr eigen sind, mit Händen und Füßen zu verteidigen. Daher wird man z. B. unter fünfzig Engländern kaum mehr als einen finden, welcher mit einstimmt, wenn man von der stupiden und degradierenden Bigotterie seiner Nation mit gebührender Verachtung spricht: der eine aber pflegte ein Mann von Kopf zu sein. – Die Deutschen sind frei von Nationalstolz und legen hierdurch einen Beweis der ihnen angerühmten Ehrlichkeit ab; vom Gegenteil aber die unter ihnen, welche einen solchen vergeben und lächerlicherweise affektieren; wie dies zumeist die »deutschen Brüder« tun, die dem Volke schmeicheln, um es zu verführen. Es heißt zwar, die Deutschen hätten das Pulver erfunden: ich kann jedoch dieser Meinung nicht beitreten. Und Lichtenberg fragte: »warum gibt sich nicht leicht jemand, der es nicht ist, für einen Deutschen aus, sondern gemeiniglich, wenn er sich für etwas ausgeben will, für einen Franzosen oder Engländer?« – Übrigens überwiegt die Individualität bei weitem die Nationalität, und in einem gegebenen Menschen verdient jene tausendmal mehr Berücksichtigung als diese. Dem Nationalcharakter wird, ehe er von der Menge redet, nie viel Gutes ehrlicherweise nachzurühmen sein. Vielmehr erscheint nur die menschliche Beschränktheit, Verkehrtheit und Schlechtigkeit in jedem Lande in einer anderen Form und diese nennt man den Nationalcharakter. – Jede Nation spottet über die andere, und alle haben recht.

Alexander von Humboldt

Die Einheit des Menschengeschlechts

Es würde das allgemeine Naturbild, das ich zu entwerfen strebe, unvollständig bleiben, wenn ich hier nicht auch den Muth hätte, das Menschengeschlecht in seinen physischen Abstufungen, in der geographischen Verbreitung seiner gleichzeitig vorhandenen Typen, in dem Einfluß, welchen es von den Kräften der Erde empfangen und wechselseitig, wenn gleich schwächer, auf sie ausgeübt hat, mit wenigen Zügen zu schildern. Abhängig, wenn gleich in minderem Grade als Pflanzen und Thiere, von dem Boden, und den meteorologischen Processen des Luftkreises, den Naturgewalten durch Geistesthätigkeit und stufenweise erhöhte Intelligenz, wie durch eine wunderbare sich allen Klimaten aneignende Biegsamkeit des Organismus leichter entgehend, nimmt das Geschlecht wesentlich Theil an dem ganzen Erdenleben. Durch diese Beziehungen gehört demnach das dunkle und vielbestrittene Problem von der Möglichkeit gemeinsamer Abstammung in den Ideenkreis, welchen die physische Weltbeschreibung umfaßt. Es soll die Untersuchung dieses Problems, wenn ich mich so ausdrücken darf, durch ein edleres und rein menschliches Interesse das letzte Ziel meiner Arbeit bezeichnen. Das unermessene Reich der Sprachen, in deren verschiedenartigem Organismus sich die Geschicke der Völker ahnungsvoll abspiegeln, steht am nächsten dem Gebiet der Stammverwandschaft; und was selbst kleine Stammverschiedenheiten hervorzurufen vermögen, lehrt uns in der Blüthe geistiger Kultur die hellenische Welt. Die wichtigsten Fragen der Bildungsgeschichte der Menschheit knüpfen sich an die Ideen von Abstammung, Gemeinschaft der Sprache, Unwandelbarkeit in einer ursprünglichen Richtung des Geistes und des Gemüthes.

So lange man nur bei den Extremen in der Variation der Farbe und der Gestaltung verweilte und sich der Lebhaftigkeit der ersten sinnlichen Eindrücke hingab, konnte man allerdings geneigt werden, die Racen nicht als bloße Abarten, sondern als ursprünglich verschiedene Menschenstämme zu betrachten. Die Festigkeit gewisser Typen mitten unter der feindlichsten Einwirkung äußerer, besonders klimatischer Potenzen schien eine solche Annahme zu begünstigen, so kurz auch die Zeiträume sind, aus denen historische Kunde zu uns gelangt ist. Kräftiger aber sprechen, auch meiner Ansicht nach, für die Einheit des Menschengeschlechts die vielen Mittelstufen der Hautfarbe und des Schädelbaues, welche die raschen Fortschritte der Länderkenntniß uns in neueren Zeiten dargeboten haben, die Analogie der Abartung in anderen wilden und zahmen Thierklassen die sicheren Erfahrungen, welche über die Grenzen fruchtbarer Bastarderzeugung haben gesammelt werden können. Der größere Theil der Contraste, die man ehemals hatte zu finden geglaubt, ist durch die fleißige Arbeit Tiedemann's über das Hirn der Neger und der Europäer, durch die anatomischen Untersuchungen Vrolik's und Webers über die Gestalt des Beckens hinweggeräumt. Wenn man die dunkelfarbigen afrikanischen Nationen, über die Prichard's gründliches Werk so viel Licht verbreitet hat, in ihrer Allgemeinheit umfaßt und sie dazu noch mit den Stämmen des südindischen und westaustralischen Archipels, mit den Papuas und Alfourous (Haraforen, Endamenen) vergleicht, so sieht man deutlich, daß schwarze Hautfarbe, wolliges Haar und negerartige Gesichtszüge keineswegs immer mit einander verbunden sind. So lange den westlichen Völkern nur ein kleiner Theil der Erde aufgeschlossen war, mußten einseitige Ansichten sich bilden. Sonnenhitze der Tropenwelt und schwarze Hautfarbe, schienen unzertrennlich. »Die Aethiopen,« sang der alte Tragiker Theodektes von Phaselis, »färbt der nahe Sonnengott in seinem Laufe mit des Russes finsterem Glanz; die Sonnengluth kräuselt ihnen dörrend das Haar.« Erst die Heerzüge Alexanders, welche so viele Ideen der physischen Erdbeschreibung anregten, fachten den Streit über den unsicheren Einfluß der Klimate auf die Volksstamme an. »Die Geschlechter der Thiere und Pflanzen,« sagt einer der größten Anatomen unseres Zeitalters, Johannes Müller, in seiner alles umfassenden Physiologie des Menschen, »verändern sich während ihrer Ausbreitung über die Oberfläche der Erde innerhalb der den Arten und Gattungen vorgeschriebenen Grenzen. Sie pflanzen sich als Typen der Variation der Arten organisch fort. Aus dem Zusammenwirken verschiedener sowohl innerer als äußerer, im einzelnen nicht nachweisbarer Bedingungen sind die gegenwärtigen Racen der Thiere hervorgegangen, von welchen sich die auffallendsten Abarten bei denen finden, die der ausgedehntesten Verbreitung auf der Erde fähig sind. Die Menschenracen sind Formen einer einzigen Art, welche sich fruchtbar paaren und durch Zeugung fortpflanzen; sie sind nicht Arten eines Genus: wären sie das letztere, so würden ihre Bastarde unter sich unfruchtbar sein. Ob die gegebenen Menschenracen von mehreren oder Einem Urmenschen abstammen, kann nicht aus der Erfahrung ermittelt werden.«

Die geographischen Forschungen über den alten Sitz, die sogenannte Wiege des Menschengeschlechts haben in der That einen rein mythischen Charakter. »Wir kennen,« sagt Wilhelm von Humboldt in einer noch ungedruckten Arbeit über die Verschiedenheit der Sprachen und Völker »geschichtlich, oder auch nur durch irgend sichere Ueberlieferung keinen Zeitpunkt, in welchem das Menschengeschlecht nicht in Völkerhaufen getrennt gewesen wäre. Ob dieser Zustand der ursprüngliche war oder erst später entstand, läßt sich daher geschichtlich nicht entscheiden. Einzelne, an sehr verschiedenen Punkten der Erde, ohne irgend sichtbaren Zusammenhang, wiederkehrende Sagen verneinen die erstere Annahme und lassen das ganze Menschengeschlecht von Einem Menschenpaare abstammen. Die weite Verbreitung dieser Sage hat sie bisweilen für eine Urerinnerung der Menschheit halten lassen. Gerade dieser Umstand aber beweist vielmehr, daß ihr keine Ueberlieferung und nichts Geschichtliches zum Grunde lag, sondern nur die Gleichheit der menschlichen Vorstellungsweise zu derselben Erklärung der gleichen Erscheinung führte: wie gewiß viele Mythen, ohne geschichtlichen Zusammenhang, bloß aus der Gleichheit des menschlichen Dichtens und Grübelns entstanden. Jene Sage trägt auch darin ganz das Gepräge menschlicher Erfindung, daß sie die außer aller Erfahrung liegende Erscheinung des ersten Entstehens des Menschengeschlechts auf eine innerhalb heutiger Erfahrung liegende Weise, und so erklären will, wie in Zeiten, wo das ganze Menschengeschlecht schon Jahrtausende hindurch bestanden hatte, eine wüste Insel oder ein abgesondertes Gebirgsthal mag bevölkert worden sein. Vergeblich würde sich das Nachdenken in das Problem jener ersten Entstehung vertieft haben, da der Mensch so an sein Geschlecht und an die Zeit gebunden ist, daß sich ein einzelner ohne vorhandenes Geschlecht und ohne Vergangenheit gar nicht in menschlichem Dasein fassen läßt. Ob also in dieser weder auf dem Wege der Gedanken noch der Erfahrung zu entscheidenden Frage wirklich jener angeblich traditionelle Zustand der geschichtliche war, oder ob das Menschengeschlecht von seinem Beginnen an völkerweise den Erdboden bewohnte, darf die Sprachkunde weder aus sich bestimmen, noch, die Entscheidung anderswoher nehmend, zum Erklärungsgrund für sich brauchen wollen.«

Die Gliederung der Menschheit ist nur eine Gliederung in Abarten, die man mit dem, freilich etwas unbestimmten Worte Racen bezeichnet. Wie in dem Gewächsreiche, in der Naturgeschichte der Vögel und Fische die Gruppirung in viele kleine Familien sicherer als die in wenige, große Massen umfassende Abtheilungen ist, so scheint mir auch, bei der Bestimmung der Racen, die Aufstellung kleinerer Völkerfamilien vorzuziehen. Man mag die alte Klassifikation meines Lehrers Blumenbach nach fünf Racen (der kaukasischen, mongolischen, amerikanischen, äthiopischen und malayischen) befolgen oder mit Prichard sieben Racen (die iranische, turanische, amerikanische, der Hottentotten und Buschmänner, der Neger, der Papuas und der Alfourous) annehmen; immer ist keine typische Schärfe, kein durchgeführtes natürliches Princip der Eintheilung in solchen Gruppirungen zu erkennen. Man sondert ab, was gleichsam die Extreme der Gestaltung und Farbe bildet: unbekümmert um die Völkerstämme, welche nicht in jene Klassen einzuschalten sind, und welche man bald scythische, bald allophylische Racen hat nennen wollen. Iranisch ist allerdings für die europäischen Völker ein minder schlechter Name als kaukasisch; aber im Allgemeinen darf man behaupten, daß geographische Benennungen als Ausgangspunkt der Race sehr unbestimmt sind, wenn das Land, welches der Race den Namen geben soll, wie z. B. Turan (Mawerannahr), zu verschiedenen Zeiten von den verschiedensten Volksstämmen, – indo-germanischen und finnischen, nicht aber mongolischen Ursprungs, – bewohnt worden ist.

Die Sprachen als geistige Schöpfungen der Menschheit, als tief in ihre geistige Entwickelung verschlungen, haben, indem sie eine nationale Form offenbaren, eine hohe Wichtigkeit für die zu erkennende Aehnlichkeit oder Verschiedenheit der Racen. Sie haben diese Wichtigkeit, weil Gemeinschaft der Abstammung in das geheimnißvolle Labyrinth führt, in welchem die Verknüpfung der physischen (körperlichen) Anlagen mit der geistigen Kraft in tausendfältig verschiedener Gestaltung sich darstellt. Die glänzenden Fortschritte, welche das philosophische Sprachstudium im deutschen Vaterlande seit noch nicht einem halben Jahrhundert gemacht, erleichtern die Untersuchungen über den nationellen Charakter der Sprachen, über das, was die Abstammung scheint herbeigeführt zu haben. Wie in allen Gebieten idealer Speculation, steht aber auch hier die Gefahr der Täuschung neben der Hoffnung einer reichen und sicheren Ausbeute.

Positive ethnographische Studien, durch gründliche Kenntniß der Geschichte unterstützt, lehren, daß eine große Vorsicht in dieser Vergleichung der Völker, und der Sprache, welcher die Völker sich zu einer bestimmten Zeitepoche bedienten, anzuwenden sei. Unterjochung, langes Zusammenleben, Einfluß einer fremden Religion, Vermischung der Stämme, wenn auch oft nur bei geringer Zahl der mächtigeren und gebildeteren Einwanderer, haben ein in beiden Continenten sich gleichmäßig erneuerndes Phänomen hervorgerufen: daß ganz verschiedene Sprachfamilien sich bei einer und derselben Race, daß bei Völkern sehr verschiedener Abstammung sich Idiome desselben Sprachstammes finden. Asiatische Welteroberer haben am mächtigsten auf solche Erscheinungen eingewirkt.

Sprache ist aber ein Theil der Naturkunde des Geistes; und wenn auch die Freiheit, mit welcher der Geist in glücklicher Ungebundenheit die selbstgewählten Richtungen, unter ganz verschiedenartigen physischen Einflüssen, stetig verfolgt, ihn der Erdgewalt mächtig zu entziehen strebt, so wird die Entfesselung doch nie ganz vollbracht. Es bleibt etwas von dem, was den Naturanlagen aus Abstammung, dem Klima, der heiteren Himmelsbläue oder einer trüben Dampfatmosphäre der Inselwelt zugehört. Da nun der Reichthum und die Anmuth des Sprachbaues sich aus den

Gedanken wie aus des Geistes zartester Blüthe entfalten, so wollen wir nicht, daß bei der Innigkeit des Bandes, welches beide Sphären, die physische und die Sphäre der Intelligenz und der Gefühle, mit einander verknüpft, unser Naturbild des freundlichen Lichtes und der Färbung entbehre, welche ihm die, hier freilich nur angedeuteten Betrachtungen über das Verhältniß der Abstammung zur Sprache verleihen können.

Indem wir die Einheit des Menschengeschlechts behaupten, widerstreben wir auch jeder unerfreulichen Annahme von höheren und niederen Menschenracen. Es giebt bildsamere, höher gebildete, durch geistige Kultur veredelte, aber keine edlere Volksstämme. Alle sind gleichmäßig zur Freiheit bestimmt; zur Freiheit, welche in roheren Zuständen dem Einzelnen, in dem Staatenleben bei dem Genuß politischer Institutionen der Gesammtheit als Berechtigung zukommt. »Wenn wir eine Idee bezeichnen wollen, die durch die ganze Geschichte hindurch in immer mehr erweiterter Geltung sichtbar ist, wenn irgend eine die vielfach bestrittene, aber noch vielfacher mißverstandene Vervollkommung des ganzen Geschlechtes beweist, so ist es die Idee der Menschlichkeit: das Bestreben, die Grenzen, welche Vorurtheile und einseitige Ansichten aller Art feindselig zwischen die Menschen gestellt, aufzuheben, und die gesammte Menschheit, ohne Rücksicht auf Religion, Nation und Farbe, als einen großen, nahe verbrüderten Stamm, als ein zur Erreichung eines Zweckes, der freien Entwickelung innerlicher Kraft, bestehendes Ganzes zu behandeln. Es ist dies das letzte äußerste Ziel der Geselligkeit, und zugleich die durch seine Natur selbst in ihn gelegte Richtung des

Menschen auf unbestimmte Erweiterung seines Daseins. Er sieht den Boden, so weit er sich ausdehnt, den Himmel, so weit, ihm entdeckbar, er von Gestirnen umflammt wird, als innerlich sein, als ihm zur Betrachtung und Wirksamkeit gegeben an. Schon das Kind sehnt sich über die Hügel, über die Sonne hinaus, welche seine enge Heimath umschließen; es sehnt sich dann wieder pflanzenartig zurück: denn es ist das Rührende und Schöne im Menschen, daß Sehnsucht nach Erwünschtem und nach Verlorenem ihn immer bewahrt, ausschließlich an dem Augenblicke zu haften. So festgewurzelt in der innersten Natur des Menschen, und zugleich geboten durch seine höchsten Bestrebungen, wird jene wohlwollend menschliche Verbindung des ganzen Geschlechts zu einer der großen leitenden Ideen in der Geschichte der Menschheit.«

Olympe de Gouges

Die Rechte der Frau

𝒮

Mann, bist du fähig, gerecht zu sein? Eine Frau stellt dir diese Frage; zumindest dieses Recht wirst du ihr nicht nehmen können. Sag mir, wer hat dir die selbstherrliche Macht verliehen, mein Geschlecht zu unterdrücken? Deine Kraft? Deine Talente? Sieh den Schöpfer in seiner Weisheit; prüfe die Natur, der du dich anscheinend nähern willst, in all ihrer Majestät und zeige mir, wenn du es wagst, ein Beispiel für solche tyrannische Herrschaft.* Geh zu den Tieren, befrage die Elemente, studiere die Pflanzen, wirf schließlich einen Blick auf all die Vielfalt der belebten Materie; und füge dich dem Offensichtlichen, wenn ich dir die Mittel dazu an die Hand gebe. Suche, untersuche und unterscheide, wenn du es kannst, die Geschlechter in der Ordnung der Natur. Überall wirst du sie vermischt finden, überall arbeiten sie in harmonischer Gemeinschaft an diesem unsterblichen Meisterwerk.

Allein der Mann hat sich aus seiner Ausnahme ein Prin-

---

* Von Paris bis Peru, von Japan bis Rom ist das dümmste Tier wohl doch der Mann.

zip zurechtgeschustert. Wunderlich, verblendet, aufgeblasen von den Wissenschaften und degeneriert, will er – in diesem Jahrhundert der Aufklärung und des Scharfsinns in krasseste Unwissenheit zurückfallend – despotisch über ein Geschlecht befehligen, das alle intellektuellen Fähigkeiten besitzt. Dieses Geschlecht beansprucht, aus der Revolution einen Nutzen zu ziehen und sein Recht auf Gleichheit einzufordern, um nicht noch mehr zu sagen.

Erklärung der Rechte der Frau und der Bürgerin

zu verabschieden von der Nationalversammlung in ihren letzten Sitzungen oder in der nächsten Legislaturperiode

Präambel

Die Mütter, die Töchter, die Schwestern, Vertreterinnen der Nation, verlangen, als Nationalversammlung konstituiert zu werden. In Erwägung, dass die Unwissenheit, das Vergessen oder die Missachtung der Rechte der Frau die alleinigen Ursachen des öffentlichen Unglücks und der Verderbtheit der Regierungen sind, haben sie beschlossen, in einer feierlichen Erklärung die natürlichen, unveräußerlichen und heiligen Rechte der Frau darzulegen, damit diese Erklärung allen Gliedern des Gesellschaftskörpers ständig gegenwärtig ist und sie unablässig an ihre Rechte und Pflichten erinnert; damit die Handlungen der Macht von Frauen und diejenigen der Macht von Männern in jedem Augenblick mit dem Endzweck jeder politischen Einrichtung verglichen werden können und dadurch mehr geachtet werden; damit die Ansprüche der Bürgerinnen, fortan auf einfache und unbestreitbare Prinzipien gegründet, sich immer auf die Erhaltung der Verfassung, der guten Sitten und das Glück aller richten mögen.

Daher anerkennt und erklärt das Geschlecht, das an Schönheit wie an Mut im Ertragen der Leiden der Mutterschaft überlegen ist, in Gegenwart und unter dem Schutze des Höchsten Wesens, die folgenden Rechte der Frau und der Bürgerin.

Artikel I-XVII

I Die Frau ist frei geboren und bleibt dem Manne gleich an Rechten. Soziale Unterscheidungen können nur auf den gemeinen Nutzen gegründet sein.

II Der Endzweck jeder politischen Vereinigung ist die Erhaltung der natürlichen und unveräußerlichen Rechte der Frau und des Mannes. Diese Rechte sind Freiheit, Eigentum, Sicherheit und vor allem Widerstand gegen Unterdrückung.

III Der Ursprung jeder Souveränität ruht seinem Wesen nach in der Nation, die nichts anderes ist als die Vereinigung von Mann und Frau: keine Körperschaft, kein Individuum kann eine Autorität ausüben, die nicht ausdrücklich von ihr ausgeht.

IV Freiheit und Gerechtigkeit bestehen darin, alles zurückzugeben, was einem anderen gehört; die Ausübung der natürlichen Rechte der Frau hat mithin keine Grenzen außer in der ständigen Tyrannei, die der Mann ihr entgegensetzt. Diese Grenzen müssen durch die Gesetze der Natur und der Vernunft reformiert werden.

V Die Gesetze der Natur und der Vernunft verbieten alle Handlungen, die der Gesellschaft schaden. Alles, was nicht von diesen weisen und göttlichen Gesetzen verboten wird, kann nicht behindert werden, und niemand kann gezwungen werden, etwas zu tun, was sie nicht vorschreiben.

VI Das Gesetz muss der Ausdruck des Gemeinwillens sein; alle Bürgerinnen und Bürger müssen persönlich oder durch ihre Vertreter an seiner Bildung mitwirken. Es muss für alle das gleiche sein: Alle Bürgerinnen und alle Bürger müssen, da sie vor den Augen des Gesetzes gleich sind, gleichermaßen zu allen Würden, Stellungen und öffentlichen Ämtern zugelassen werden, entsprechend ihrer Fähigkeit und ohne andere Unterschiede als die ihrer Tugenden und ihrer Talente.

VII Keine Frau hat Sonderrechte. Frauen werden in den vom Gesetz bestimmten Fällen angeklagt, festgenommen und gefangengehalten. Frauen sind diesem strengen Gesetz ebenso wie Männer unterworfen.

VIII Das Gesetz soll nur solche Strafen verhängen, die unbedingt und offenkundig notwendig sind, und niemand kann bestraft werden außer aufgrund eines Gesetzes, das bereits vor der Tat erlassen und verkündet wurde und rechtmäßig auf Frauen anwendbar ist.

IX Jede für schuldig befundene Frau unterliegt der ganzen Strenge des Gesetzes.

X Niemand darf wegen seiner Ansichten, selbst wenn sie grundsätzlicher Art sind, behelligt werden. Die Frau hat das Recht, das Schafott zu besteigen; sie muss gleichermaßen das Recht haben, die Rednertribüne zu besteigen, sofern ihre Äußerungen nicht die durch das Gesetz festgelegte öffentliche Ordnung stören.

XI Die freie Mitteilung der Gedanken und Meinungen ist eines der kostbarsten Frauenrechte, denn diese Freiheit sichert die Legitimität der Väter gegenüber ihren Kindern. Jede Bürgerin kann daher in aller Freiheit sagen: »Ich bin die Mutter eines Kindes, das von Euch stammt«, ohne dass ein barbarisches Vorurteil sie zwänge, die Wahrheit zu verbergen. Allerdings unter dem Vorbehalt der Haftung im Falle von Missbrauch dieser Freiheit in den vom Gesetz bestimmten Fällen.

XII Die Gewährleistung der Rechte der Frau und Bürgerin muss einem höheren Nutzen verpflichtet sein; sie muss zum Wohle aller gereichen, nicht zum persönlichen Nutzen derer, denen sie anvertraut wird.

XIII Zum Unterhalt der Polizei und zu den Kosten der Verwaltung tragen Frauen und Männer gleichermaßen bei. Weil die Frau an allen Diensten und Lasten beteiligt ist, muss sie gleichermaßen beteiligt sein an der Verteilung der Posten, der Anstellungen, der Aufträge, der Würden und der Gewerbe.

XIV Die Bürgerinnen und Bürger haben das Recht, selbst oder durch ihre Vertreter die Notwendigkeit der öffentlichen Steuer festzustellen. Die Bürgerinnen können dem aber nur dann beipflichten, wenn ihnen ein gleicher Anteil nicht nur am Vermögen zugestanden wird, sondern auch an den öffentlichen Ämtern, und sie die Höhe der Abgaben, ihre Verwendung, Einziehung und Zeitdauer mitbestimmen.

XV Die Masse der Frauen, die zur Steuerleistung mit der der Männer zusammengeschlossen ist, hat das Recht, von jeder öffentlichen Instanz Rechenschaft über ihre Amtsführung zu fordern.

XVI Jegliche Gesellschaft, in der die Verbürgung der Rechte nicht gesichert und die Gewaltenteilung nicht festgelegt ist, ist ohne Verfassung. Die Verfassung ist null und nichtig, wenn nicht die Mehrheit der Individuen, die die Nation bilden, an ihrem Zustandekommen mitgewirkt hat.

XVII Eigentum steht beiden Geschlechtern zu, ob gemeinsam oder getrennt. Jedes von ihnen hat darauf ein unverletzliches und heiliges Anrecht. Niemandem darf das Eigentum, wahrhaftes Erbteil der Natur, genommen werden, es sei denn, die gesetzlich festgestellte öffentliche Notwendigkeit erforderte es offenkundig, und unter der Bedingung einer gerechten und vorherigen Entschädigung.

Postambel

Frauen, erwachet; die Sturmglocke der Vernunft ist im ganzen Universum zu hören; erkennt eure Rechte! Das gewaltige Reich der Natur ist nicht mehr umlagert von Vorurteilen, Fanatismus, Aberglaube und Lügen. Die Fackel der Wahrheit hat alle Wolken der Dummheit und Anmaßung zerstreut. Der versklavte Mann hat zwar seine Kräfte vervielfacht, aber er hat der eurigen bedurft, um seine Ketten zu sprengen. Kaum in Freiheit versetzt, ist er nun selbst ungerecht geworden gegen seine Gefährtin. O Frauen! Frauen, wann wird eure Verblendung ein Ende haben? Was sind denn die Vorteile, die euch aus der Revolution erwachsen sind? Ihr werdet noch mehr verachtet, noch offener verhöhnt. In den Jahrhunderten der Korruption habt ihr nur über die Schwächen der Männer geherrscht. Eure Herrschaft ist zerstört, was bleibt euch also? Die Überzeugung, dass der Mann ungerecht ist; die Einforderung eures Erbes, die auf den weisen Verfügungen der Natur beruht. Was hättet ihr angesichts einer so hoffnungsvollen Unternehmung zu befürchten? Etwa das spöttische Bonmot des Gesetzgebers bei der Hochzeit von Kanaan? Fürchtet ihr, dass unsere französischen Gesetzgeber – Richter über jene Moral, die sich lange Zeit in die Verästelungen der Politik eingenistet hat, nun aber überholt ist – es euch wiederholen: »Frauen, was habt ihr mit uns gemein?« »Alles«, werdet ihr zu entgegnen haben. Und wenn sie sich in ihrer Schwäche darauf versteifen, mit ihren eigenen Prinzipien in Widerspruch zu geraten, dann setzt beherzt die Macht der Vernunft ihren eitlen Anmaßungen, euch überlegen zu sein, entgegen. Vereinigt euch unter dem Banner der Philosophie, entfaltet all eure Charakterstärke, und bald werdet ihr diese hochmütigen Anbeter zwar nicht sklavisch zu euern Füßen kriechen sehen, wohl aber stolz darauf, mit euch die Schätze des Höchsten Wesens teilen zu dürfen. Was immer die Hindernisse sein mögen, die man euch entgegensetzt, es ist in eurer Macht, sie zu überwinden; ihr müsst es nur wollen. Wenden wir uns jetzt dem entsetzlichen Bild dessen zu, was ihr einst in der Gesellschaft gewesen seid, und da im gegenwärtigen Augenblick von nationaler Erziehung die Rede ist, lasst uns sehen, ob unsere weisen Gesetzgeber vernünftig über die Erziehung der Frauen denken. Frauen haben mehr Böses als Gutes getan. Zwang und Verstellung sind ihr Erbteil gewesen. Was ihnen durch Gewalt geraubt wurde, haben sie durch List zurückgewonnen. Sie haben alle Mittel ihrer Reize ausgespielt, und selbst der ehrenhafteste Mann konnte ihnen nicht widerstehen. Gift und Dolch, auf alles verstanden sie sich; sie befehligten das Verbrechen ebenso wie die Tugend. Insbesondere die französische Regierung war jahrhundertelang abhängig von den nächtlichen Machenschaften der Frauen. Das Kabinett war vor ihrer Indiskretion nicht sicher, ebenso wenig Diplomatie, Heeresleitung, Ministerium, Präsidium oder Pontifikat und Kardinalat, kurzum alles, was die Torheit der Männer ausmacht, ob im weltlichen oder geistlichen Bereich, alles war der Begierde und dem Ehrgeiz dieses Geschlechts unterworfen: des Geschlechts, das einstmals verächtlich, doch respektiert war und seit der Revolution respektabel ist, doch verachtet wird.

Was hätte ich dieser Art von Paradoxa nicht noch alles vorzubringen! Es bleibt mir nur ein kleiner Augenblick dafür, aber dieser Augenblick wird die Aufmerksamkeit auch noch der fernsten Nachwelt auf sich ziehen. Unter dem Ancien Régime war alles lasterhaft, war alles schuldig. Aber war die Verbesserung der Verhältnisse nicht sogar am Wesen der Laster selbst zu erkennen? Eine Frau brauchte nur schön oder liebenswert zu sein; wenn sie diese beiden Vorzüge in sich vereinigte, legte man ihr hundertfaches Vermögen zu Füßen. Wenn sie keinen Gebrauch davon machte, hatte sie entweder einen bizarren Charakter oder eine ungewöhnliche Philosophie, die sie Reichtum verachten ließ. Dann hielt man sie nur für etwas verwirrt. Die Unanständigste wurde anständig durch Gold. Der Frauenhandel war eine Art Gewerbe, das in höchsten Kreisen betrieben wurde, doch das heutzutage kein Ansehen mehr genießen sollte. Falls aber doch, so wäre die Revolution verloren, und unter anderen Vorzeichen wären wir immer noch korrupt. Aber kann die Vernunft wirklich abstreiten, dass für die Frau, die der Mann kauft – wie eine Sklavin an den Küsten Afrikas –, jeder andere Weg zu einem Vermögen versperrt ist? Gewiss, der Unterschied ist beträchtlich: denn diese Sklavin herrscht über den Herrn. Aber wenn der Herr ihr die Freiheit ohne eine Abfindung gibt, und das in einem Alter, in dem die Sklavin jeden Reiz verloren hat, was wird dann aus der Unglücklichen? Ein Spielball der Verachtung, dem selbst die Türen der Mildtätigkeit verschlossen sind. Sie ist arm und alt, so sagt man, warum hat sie es nicht verstanden, ihr Glück zu machen? Andere, noch rührendere Beispiele bieten sich dem dar, der darüber vernünftig nachdenkt. Eine junge, unerfahrene Person, die von dem Mann, den sie liebt, verführt wurde, wird ihre Eltern verlassen, um ihm zu folgen. Der Unwürdige lässt sie nach einigen Jahren sitzen, und je länger sie mit ihm gealtert ist, desto unmenschlicher ist sein Wankelmut. Hat sie Kinder, wird er sie gleichwohl verlassen. Ist er reich, wird er sich von der Pflicht entbunden glauben, sein Vermögen mit seinen edlen Opfern zu teilen.

Hat er versprochen, seine Pflichten zu erfüllen, wird er sein Wort brechen und auf die Rechtslage vertrauen. Ist er verheiratet, so verliert jede andere Verpflichtung ohnehin ihr Recht. Welcher Gesetze bedarf es also, um das Laster an der Wurzel zu packen? Solche über die gleichmäßige Teilung des Vermögens zwischen Mann und Frau und solche über den Zugang zur öffentlichen Verwaltung. Es ist leicht erkennbar, dass diejenige, die aus einer reichen Familie stammt, von der Gleichheit der Teilung deutlich profitiert. Aber was wird das Los von einer sein, die aus armer Familie stammt, jedoch tugendhaft und verdienstvoll ist? Armut und Schande. Wenn sie nicht gerade in der Musik oder der Malerei Vortreffliches leistet, kann sie zu keinem öffentlichen Amt zugelassen werden, und sei sie noch so befähigt dazu. […]

Die Ehe ist das Grab des Vertrauens und der Liebe. Die verheiratete Frau kann ihrem Mann ungestraft Bastarde unterschieben und ihnen damit sein Vermögen, das ihnen nicht zusteht, zuschanzen. Die Unverheiratete hingegen hat nur ein schwaches Recht: Alte und unmenschliche Gesetze verweigerten ihr für ihre Kinder das Anrecht auf den Namen und auf Hab und Gut ihres Vaters, und man hat keine neuen Gesetze auf diesem Gebiet gemacht. Wenn mein Versuch, meinem Geschlecht eine achtbare und gerechte Stellung zu verschaffen, gegenwärtig als ein Paradoxon meinerseits betrachtet wird und als Versuch, Unmögliches zu erreichen, dann überlasse ich den Menschen der Zukunft den Ruhm, diese Frage wiederaufzugreifen; aber bis es so weit ist, kann man sie mittels des nationalen Bildungswesens, durch eine Erneuerung der Sitten und durch Eheverträge vorbereiten.

Hannah Arendt
Die Freiheit, frei zu sein

❦

Die Französische Revolution mündete in eine Katastrophe und wurde zu einem Wendepunkt der Weltgeschichte; die Amerikanische Revolution war ein triumphaler Erfolg und blieb eine lokale Angelegenheit, was zum Teil damit zu tun hatte, dass die soziale Lage auf der Welt insgesamt eher der in Frankreich ähnelte, zum Teil aber auch damit, dass die viel gepriesene pragmatische Tradition der Angelsachsen nachfolgende Generationen von Amerikanern davon abhielt, über ihre Revolution *nachzudenken* und ihre Erfahrung in entsprechende Begriffe zu fassen. Es überrascht deshalb nicht, dass der Despotismus oder genauer die Rückkehr in die Zeit des aufgeklärten Absolutismus, die sich im Verlauf der Französischen Revolution bereits deutlich ankündigte, zur Regel für fast alle nachfolgenden Revolutionen wurde – oder zumindest für diejenigen, die nicht in der Wiederherstellung des Status quo ante endeten – und die Revolutionstheorie bestimmte.

Ich will diese Entwicklung nicht im Detail nachzeichnen; sie ist hinreichend bekannt, insbesondere aus der Geschichte der bolschewistischen Partei und der Russischen

Revolution. Überdies war sie vorhersehbar: Im Spätsommer 1918 – nach der Verabschiedung der sowjetischen Verfassung, aber noch vor der ersten Terrorwelle, die durch die versuchte Ermordung Lenins ausgelöst wurde – schrieb Rosa Luxemburg in einem privaten, später veröffentlichten und heute berühmten Brief: »Mit dem Erdrücken des politischen Lebens im ganzen Lande muss auch das Leben in den Sowjets immer mehr erlahmen. Ohne allgemeine Wahlen, ungehemmte Presse und Versammlungsfreiheit, freien Meinungskampf erstirbt das Leben in jeder öffentlichen Institution, wird das Scheinleben in der Bürokratie allein das tätige Element. Das öffentliche Leben schläft allmählich ein, einige Dutzend Parteiführer von unerschöpflicher Energie und grenzenlosem Idealismus dirigieren und regieren, unter ihnen leitet in Wirklichkeit ein Dutzend hervorragender Köpfe, und eine Elite der Arbeiterschaft wird von Zeit zu Zeit aufgeboten, um den Reden der Führer Beifall zu klatschen, vorgelegten Resolutionen einstimmig zuzustimmen, im Grunde also eine Cliquenwirtschaft – nicht die Diktatur des Proletariats, sondern die Diktatur einer Handvoll Politiker.« Dass es genau darauf hinauslief – abgesehen von Stalins totalitärer Herrschaft, für die man Lenin oder die Revolutionstradition schwerlich verantwortlich machen kann –, wird niemand leugnen. Weniger offenkundig ist vielleicht, dass man nur ein paar Wörter ändern müsste, um eine vollkommene Beschreibung der Übel des Absolutismus vor den Revolutionen zu erhalten.

Ein Vergleich der ersten beiden Revolutionen, deren Anfänge so ähnlich und deren Enden so ungeheuer unterschiedlich waren, zeigt, so glaube ich, in aller Deutlichkeit nicht nur, dass die Überwindung der Armut eine Voraussetzung für die Begründung der Freiheit ist, sondern auch, dass die Befreiung von der Armut etwas anderes ist als die Befreiung von politischer Unterdrückung. Denn während Gewalt, die man der Gewalt entgegensetzt, zu Krieg führt, zu zwischenstaatlichem Krieg oder zu Bürgerkrieg, führte ein gewaltsames Vorgehen gegen die sozialen Verhältnisse stets zu Terror. Terror statt bloßer Gewalt, Terror, der losbricht, nachdem das alte Regime beseitigt und das neue Regime installiert wurde, weiht Revolutionen dem Untergang oder deformiert sie so entscheidend, dass sie in Tyrannei und Despotismus abgleiten.

Das ursprüngliche Ziel der Revolution war, wie schon gesagt, Freiheit im Sinne der Abschaffung persönlicher Herrschaft und der Zulassung aller zum öffentlichen Bereich sowie ihrer Beteiligung bei der Verwaltung der Angelegenheiten, die alle betreffen. Herrschaft bezog ihre größte Legitimation nicht aus Machtstreben, sondern aus dem menschlichen Wunsch, die Menschheit von den Lebensnotwendigkeiten zu emanzipieren; um das zu erreichen, bedurfte es der Gewalt, der Zwangsmittel, damit viele die Last der wenigen trugen, sodass zumindest einige frei sein konnten. Das – und nicht die Anhäufung von Reichtum – war der Kern der Sklaverei, zumindest in der Antike, und es ist lediglich dem Aufkommen moderner Technik und nicht irgendwelchen modernen politischen Vorstellungen, darunter auch revolutionären Ideen, geschuldet, dass sich diese Situation der Menschen zumindest in einigen Teilen der Welt geändert hat.

Was Amerika mit viel Glück gelang, können viele andere

Staaten – aber vermutlich nicht alle – heute mithilfe kalkulierten Bemühens und organisierter Entwicklung erreichen. An dieser Tatsache bemisst sich unsere Hoffnung. Sie erlaubt es uns, die Lehren der deformierten Revolutionen zu berücksichtigen und dennoch weiter an ihrer unabweisbaren Größe, aber auch an dem ihnen innewohnenden Versprechen festzuhalten.

Erlauben Sie mir abschließend, auf einen weiteren Aspekt der Freiheit hinzuweisen, der im Verlauf der Revolutionen in den Vordergrund rückte und auf den die Revolutionäre selbst am allerwenigsten vorbereitet waren. Es geht darum, dass die Idee der Freiheit und die tatsächliche Erfahrung eines Neuanfangs innerhalb des historischen Kontinuums in eins fallen sollten. Ich möchte noch einmal an den *Novus Ordo Saeclorum* erinnern. Diese überraschende Wendung stammt von Vergil, in dessen Vierter Ekloge es heißt: *Magnus ab integro saeclorum nascitur ordo* (»aufs neue hebt an die große Folge der Zeiten«), und zwar in diesem Fall mit der Herrschaft des Augustus. Vergil spricht hier von einer großen *(magnus)*, aber nicht von einer neuen *(novus)* Ordnung, und diese Änderung in einem Vers, der über die Jahrhunderte viel zitiert wurde, ist charakteristisch für die Erfahrungen der Neuzeit. Für Vergil ging es – nunmehr in der Sprache des 17. Jahrhunderts – darum, Rom »aufs Neue«, aber nicht ein »neues Rom« zu gründen. Damit entging er in typisch römischer Manier der gefürchteten Gefahr der Gewalt, die dem Bruch mit der Tradition Roms, also der überlieferten *(traditio)* Gründungsgeschichte der Ewigen Stadt, innewohnte, wenn man einen Neuanfang propagierte.

Nun könnten wir natürlich behaupten, der Neubeginn,

den die Beobachter der ersten Revolutionen zu erleben glaubten, sei lediglich die Wiedergeburt von etwas ziemlich Altem: die Renaissance eines säkularen politischen Bereichs, der schließlich aus Christentum, Feudalismus und Absolutismus erwuchs. Doch jenseits der Frage, ob es sich um eine Geburt oder Wiedergeburt handelt, ist das Entscheidende an Vergils Vers die Tatsache, dass er einer Geburtshymne entstammt, die nicht die Geburt eines göttlichen Kindes prophezeit, sondern die *Geburt als solche* preist, die Ankunft einer neuen Generation, das große rettende Ereignis oder »Wunder«, das die Menschheit ein ums andere Mal erlösen wird. Mit anderen Worten: Hier wird die Göttlichkeit der Geburt beschworen und die Überzeugung, wonach die potenzielle Rettung der Welt allein darin begründet liegt, dass sich die menschliche Gattung immer wieder und für immer erneuert.

Was die Männer der Revolution auf gerade dieses antike Gedicht zurückgreifen ließ, war, neben ihrer Bildung, meiner Ansicht nach die Tatsache, dass nicht nur die vorrevolutionäre *Idee* der Freiheit, sondern auch die Erfahrung, frei zu sein, mit dem Beginn von etwas Neuem, mit – metaphorisch gesprochen – der Geburt eines neuen Zeitalters zusammenfiel, oder besser: eng damit verwoben war. Man hatte das Gefühl: Frei zu sein und etwas Neues zu beginnen, war das Gleiche. Und diese geheimnisvolle menschliche Gabe, die Fähigkeit, etwas Neues anzufangen, hat offenkundig etwas damit zu tun, dass jeder von uns durch die Geburt als Neuankömmling in die Welt trat. Mit anderen Worten: Wir können etwas beginnen, weil wir Anfänge und damit Anfänger *sind*.

Insofern uns die Fähigkeit zum Handeln und Sprechen – und Sprechen ist nichts weiter als eine andere Form des Handelns – zu politischen Wesen macht und da Agieren seit jeher bedeutet, etwas in Bewegung zu setzen, das zuvor nicht da war, ist Geburt, menschliche Gebürtlichkeit als Entsprechung zur Sterblichkeit des Menschen, die ontologische *conditio sine qua non* aller Politik. Das wusste man bereits in der griechischen und römischen Antike, wenn auch nicht explizit. In den Vordergrund rückte es durch die Erfahrungen der Revolution, und es hat – wenn auch erneut eher unausgesprochen – das, was man als revolutionären Geist bezeichnen könnte, beeinflusst. Jedenfalls führt uns die Kette von Revolutionen, die im Guten wie im Schlechten zum Charakteristikum der Welt, in der wir leben, geworden ist, immer wieder die eruptiven Neuanfänge innerhalb des zeitlichen und historischen Kontinuums vor Augen.

Wir, die wir es einer Revolution und der anschließenden Begründung eines völlig neuen politischen Körpers zu verdanken haben, dass wir aufrechten Hauptes gehen und in Freiheit handeln können, sollten uns tunlichst daran erinnern, was eine Revolution im Leben von Nationen bedeutet. Ganz gleich, ob sie im Erfolg endet, mit der Konstituierung eines öffentlichen Raums der Freiheit, oder in die Katastrophe mündet für diejenigen, die sie wagten oder sich gegen ihre Neigung und Erwartung daran beteiligten – der Sinn von Revolution ist die Verwirklichung eines der größten und grundlegendsten menschlichen Potenziale, nämlich die unvergleichliche Erfahrung, frei zu sein für einen Neuanfang, woraus der Stolz erwächst, die Welt für einen *Novus Ordo Saeculorum* geöffnet zu haben.

Zusammenfassend lässt sich sagen: Niccolò Machiavelli, den man durchaus als den »Vater der Revolutionen« bezeichnen kann, wünschte sich nichts sehnlicher als eine neue Ordnung der Dinge für Italien, verfügte allerdings über recht wenig Erfahrung, wenn er über diese Dinge sprach. So glaubte er noch immer, die »Neuerer«, das heißt die Revolutionäre, stünden am Anfang vor der größten Schwierigkeit, wenn es darum gehe, die Macht zu übernehmen, während es viel leichter für sie sei, sie zu behalten. Aus so gut wie allen Revolutionen wissen wir, dass das Gegenteil der Fall ist – dass es relativ leicht ist, an die Macht zu kommen, aber unendlich viel schwerer, an der Macht zu bleiben, wie Lenin (nicht der schlechteste Gewährsmann in diesen Dingen) einst bemerkte. Doch Machiavelli war erfahren genug, um Folgendes zu sagen: »Auch muss man bedenken, dass kein Vorhaben schwieriger in der Ausführung, unsicherer hinsichtlich seines Erfolges und gefährlicher bei seiner Verwirklichung ist, als eine neue Ordnung einzuführen.« Niemand, der die Geschichte des 20. Jahrhunderts auch nur ein wenig kennt, wird, so glaube ich, gegen diesen Satz etwas einzuwenden haben. Überdies hat sich gezeigt, dass die Gefahren, die Machiavelli voraussah, bis zum heutigen Tag ganz real sind, wenngleich er sich der größten Gefahr bei modernen Revolutionen noch gar nicht bewusst war: der Gefahr, die aus der Armut erwächst. Er erwähnt, was man seit der Französischen Revolution als konterrevolutionäre Kräfte bezeichnet, also diejenigen, die »aus der alten Ordnung Nutzen ziehen«, und die »Lauheit« derjenigen, die von der neuen Ordnung profitieren könnten, weil die Menschen von Natur aus misstrauisch sind und »erst an die Wahrheit von etwas Neuem glauben, wenn sie damit verlässliche Erfahrungen gemacht haben«. Das Entscheidende dabei aber ist, dass Machiavelli die Gefahr nur im Scheitern des Versuchs, eine neue Ordnung der Dinge zu errichten, sah, also in der völligen Schwächung des Landes, in dem dieser Versuch unternommen wurde. Auch das hat sich als zutreffend erwiesen, denn eine solche Schwäche, das heißt ein Machtvakuum, von dem oben schon die Rede war, kann durchaus Eroberer auf den Plan rufen. Es ist nun nicht so, dass es dieses Machtvakuum vorher nicht gegeben hätte, aber es kann jahrelang verborgen bleiben, bis es zu irgendeinem entscheidenden Ereignis kommt und der Zusammenbruch der Macht und eine Revolution es auf drastische Weise offen und für alle sichtbar machen. Überdies haben wir die allergrößte Gefahr erlebt, dass nämlich aus dem abgebrochenen Versuch, die Institutionen der Freiheit zu gründen, die gründlichste Abschaffung der Freiheit und sämtlicher Freiheitsrechte erwächst.

Gerade weil Revolutionen die Frage politischer Freiheit in ihrer wahrhaftigsten und radikalsten Form stellen – Freiheit, sich an den öffentlichen Angelegenheiten zu beteiligen, Freiheit des Tuns –, sind alle anderen Freiheiten, politische wie bürgerliche, in Gefahr, wenn Revolutionen scheitern. Deformierte Revolutionen wie die Oktoberrevolution in Russland unter Lenin oder abgebrochene Revolutionen wie die verschiedenen Erhebungen bei den europäischen Mittelmächten nach dem Ersten Weltkrieg können, wie wir heute wissen, Folgen haben, die in ihrem blanken Horror nachgerade beispiellos sind. Entscheidend ist, dass Revolutionen selten reversibel sind, dass sie, haben sie sich einmal zugetragen, unvergesslich sind – wie Kant mit Blick auf die

Französische Revolution bemerkte, als in Frankreich der *terreur* herrschte. Das kann nun nicht heißen, dass es Revolutionen deshalb am besten zu verhindern gilt, denn wenn Revolutionen die Folge von Regimen sind, die sich in völliger Auflösung befinden, und nicht das »Produkt« von Revolutionären – ob sie nun in Verschwörergruppen oder Parteien organisiert sind –, dann bedeutet das Verhindern einer Revolution eine Veränderung der Regierungsform, was letztlich auch eine Revolution bedeutet mit all den Gefahren und Risiken, die sie mit sich bringt.

Der Zusammenbruch von Autorität und Macht, der in der Regel nicht nur die Zeitungsleser in seiner Plötzlichkeit überrascht, sondern auch alle Geheimdienste und ihre Experten, die solche Dinge beobachten, wird nur dann zu einer Revolution im vollen Wortsinne, wenn Menschen bereit und in der Lage sind, die Macht aufzugreifen, in das Machtvakuum vorzustoßen und sozusagen einzudringen. Was dann passiert, hängt von vielerlei Umständen ab, nicht zuletzt von der Einsicht ausländischer Mächte, dass revolutionäre Praktiken irreversibel sind. Vor allem aber hängt es von subjektiven Eigenschaften und dem moralisch-politischen Erfolg oder Scheitern derjenigen ab, die bereit sind, Verantwortung zu übernehmen. Wir haben wenig Grund zu der Hoffnung, dass solche Menschen irgendwann in nicht allzu ferner Zukunft an praktischer und theoretischer Klugheit an die Männer der Amerikanischen Revolution heranreichen, die zu den Gründern dieses Landes wurden. Wir können, so befürchte ich, allenfalls darauf hoffen, dass die Freiheit in einem politischen Sinn nicht wieder für Gott weiß wie viele Jahrhunderte von dieser Erde verschwindet.

Karl Marx

*Krisen der modernen
bürgerlichen Gesellschaft*

Das Bedürfnis nach einem stets ausgedehnteren Absatz für ihre Produkte jagt die Bourgeoisie über die ganze Erdkugel. Überall muß sie sich einnisten, überall anbauen, überall Verbindungen herstellen.

Die Bourgeoisie hat durch ihre Exploitation des Weltmarkts die Produktion und Konsumtion aller Länder kosmopolitisch gestaltet. Sie hat zum großen Bedauern der Reaktionäre den nationalen Boden der Industrie unter den Füßen weggezogen. Die uralten nationalen Industrien sind vernichtet worden und werden noch täglich vernichtet. Sie werden verdrängt durch neue Industrien, deren Einführung eine Lebensfrage für alle zivilisierten Nationen wird, durch Industrien, die nicht mehr einheimische Rohstoffe, sondern den entlegensten Zonen angehörige Rohstoffe verarbeiten und deren Fabrikate nicht nur im Lande selbst, sondern in allen Weltteilen zugleich verbraucht werden. An die Stelle der alten, durch Landeserzeugnisse befriedigten Bedürfnisse treten neue, welche die Produkte der entferntesten Länder und Klimate zu ihrer Befriedigung erheischen.

An die Stelle der alten lokalen und nationalen Selbstgenügsamkeit und Abgeschlossenheit tritt ein allseitiger Verkehr, eine allseitige Abhängigkeit der Nationen voneinander. Und wie in der materiellen, so auch in der geistigen Produktion. Die geistigen Erzeugnisse der einzelnen Nationen werden Gemeingut. Die nationale Einseitigkeit und Beschränktheit wird mehr und mehr unmöglich, und aus den vielen nationalen und lokalen Literaturen bildet sich eine Weltliteratur.

Die Bourgeoisie reißt durch die rasche Verbesserung aller Produktionsinstrumente, durch die unendlich erleichterten Kommunikationen alle, auch die barbarischsten Nationen in die Zivilisation. Die wohlfeilen Preise ihrer Waren sind die schwere Artillerie, mit der sie alle chinesischen Mauern in den Grund schießt, mit der sie den hartnäckigsten Fremdenhaß der Barbaren zur Kapitulation zwingt. Sie zwingt alle Nationen, die Produktionsweise der Bourgeoisie sich anzueignen, wenn sie nicht zugrunde gehen wollen; sie zwingt sie, die sogenannte Zivilisation bei sich selbst einzuführen, d. h. Bourgeois zu werden. Mit einem Wort, sie schafft sich eine Welt nach ihrem eigenen Bilde.

Die Bourgeoisie hat das Land der Herrschaft der Stadt unterworfen. Sie hat enorme Städte geschaffen, sie hat die Zahl der städtischen Bevölkerung gegenüber der ländlichen in hohem Grade vermehrt und so einen bedeutenden Teil der Bevölkerung dem Idiotismus des Landlebens entrissen. Wie sie das Land von der Stadt, hat sie die barbarischen und halbbarbarischen Länder von den zivilisierten, die Bauernvölker von den Bourgeoisvölkern, den Orient vom Okzident abhängig gemacht. [...]

Die Bourgeoisie hat in ihrer kaum hundertjährigen Klassenherrschaft massenhaftere und kolossalere Produktionskräfte geschaffen als alle vergangenen Generationen zusammen. Unterjochung der Naturkräfte, Maschinerie, Anwendung der Chemie auf Industrie und Ackerbau, Dampfschiffahrt, Eisenbahnen, elektrische Telegraphen, Urbarmachung ganzer Weltteile, Schiffbarmachung der Flüsse, ganze aus dem Boden hervorgestampfte Bevölkerungen – welches frühere Jahrhundert ahnte, daß solche Produktionskräfte im Schoß der gesellschaftlichen Arbeit schlummerten. [...]
Die bürgerlichen Produktions- und Verkehrsverhältnisse, die bürgerlichen Eigentumsverhältnisse, die moderne bürgerliche Gesellschaft, die so gewaltige Produktions- und Verkehrsmittel hervorgezaubert hat, gleicht dem Hexenmeister, der die unterirdischen Gewalten nicht mehr zu beherrschen vermag, die er heraufbeschwor. Seit Dezennien ist die Geschichte der Industrie und des Handels nur die Geschichte der Empörung der modernen Produktivkräfte gegen die modernen Produktionsverhältnisse, gegen die Eigentumsverhältnisse, welche die Lebensbedingungen der Bourgeoisie und ihrer Herrschaft sind. Es genügt, die Handelskrisen zu nennen, welche in ihrer periodischen Wiederkehr immer drohender die Existenz der ganzen bürgerlichen Gesellschaft in Frage stellen. In den Handelskrisen wird ein großer Teil nicht nur der erzeugten Produkte, sondern der bereits geschaffenen Produktivkräfte regelmäßig vernichtet. In den Krisen bricht eine gesellschaftliche Epidemie aus, welche allen früheren Epochen als ein Widersinn erschienen wäre – die Epidemie der Überproduktion. Die Gesellschaft findet sich plötzlich in einen Zustand momentaner

Barbarei zurückversetzt; eine Hungersnot, ein allgemeiner Vernichtungskrieg scheinen ihr alle Lebensmittel abgeschnitten zu haben; die Industrie, der Handel scheinen vernichtet, und warum? Weil sie zuviel Zivilisation, zuviel Lebensmittel, zuviel Industrie, zuviel Handel besitzt. Die Produktivkräfte, die ihr zur Verfügung stehen, dienen nicht mehr zur Beförderung der bürgerlichen Eigentumsverhältnisse; im Gegenteil, sie sind zu gewaltig für diese Verhältnisse geworden, sie werden von ihnen gehemmt; und sobald sie dies Hemmnis überwinden, bringen sie die ganze bürgerliche Gesellschaft in Unordnung, gefährden sie die Existenz des bürgerlichen Eigentums. Die bürgerlichen Verhältnisse sind zu eng geworden, um den von ihnen erzeugten Reichtum zu fassen. – Wodurch überwindet die Bourgeoisie die Krisen? Einerseits durch die erzwungene Vernichtung einer Masse von Produktivkräften; andererseits durch die Eroberung neuer Märkte und die gründlichere Ausbeutung alter Märkte. Wodurch also? Dadurch, daß sie allseitigere und gewaltigere Krisen vorbereitet und die Mittel, den Krisen vorzubeugen, vermindert. Die Waffen, womit die Bourgeoisie den Feudalismus zu Boden geschlagen hat, richten sich jetzt gegen die Bourgeoisie selbst.

Erich Fromm

Der »Marketing-Charakter« und die »kybernetische Religion«

Der wichtigste Schlüssel zum Verständnis sowohl der Charakterstruktur als auch der geheimen Religion unserer heutigen Gesellschaft ist die Veränderung, die sich zwischen dem Frühkapitalismus und der zweiten Hälfte des 20. Jahrhunderts im Gesellschafts-Charakter vollzog. Der autoritär-zwanghaft-hortende Charakter, der sich im 16. Jahrhundert zu entwickeln begann und bis zum Ende des 19. Jahrhunderts zumindest in der Mittelklasse vorherrschte, mischte sich allmählich mit dem *Marketing-Charakter* oder wurde durch ihn verdrängt. Ich habe die Bezeichnung »Marketing-Charakter« gewählt, weil der einzelne sich selbst als Ware und den eigenen Wert nicht als »Gebrauchswert«, sondern als »Tauschwert« erlebt. Der Mensch wird zur Ware auf dem »Persönlichkeitsmarkt«. Das Bewertungsprinzip ist dasselbe wie auf dem Warenmarkt, mit dem einzigen Unterschied, daß hier »Persönlichkeit« und dort Waren feilgeboten werden. Entscheidend ist in beiden Fällen der Tauschwert, für den der »Gebrauchswert« eine notwendige, aber keine ausreichende Voraussetzung ist.

Obwohl das Verhältnis von beruflichen und menschlichen Qualitäten einerseits und der Persönlichkeit andererseits als Voraussetzung des Erfolges schwankt, spielt der Faktor »Persönlichkeit« immer eine maßgebliche Rolle. Der Erfolg hängt weitgehend davon ab, wie gut sich ein Mensch auf dem Markt verkauft, ob er »gewinnt« (im Wettbewerb ...), wie anziehend seine »Verpackung« ist, ob er »heiter«, »solide«, »aggressiv«, »zuverlässig« und »ehrgeizig« ist, aus welchem Milieu er stammt, welchem Klub er angehört und ob er die »richtigen« Leute kennt.

Der bevorzugte Persönlichkeitstyp hängt bis zu einem bestimmten Grad von dem Berufszweig ab, in dem ein Mensch arbeiten möchte. Der Börsenmakler, der Verkäufer, die Sekretärin, der Bahnbeamte, der Universitätsprofessor und der Hotelmanager – sie alle müssen einer je verschiedenen Art von Persönlichkeit entsprechen, die ungeachtet aller Unterschiede eine Bedingung erfüllen muß: Sie muß gefragt sein.

Die Einstellung des einzelnen zu sich selbst wird somit durch den Umstand geprägt, daß Eignung und Fähigkeit, eine bestimmte Aufgabe zu erfüllen, nicht ausreichen. Um Erfolg zu haben, muß man imstande sein, in der Konkurrenz mit vielen anderen seine Persönlichkeit vorteilhaft präsentieren zu können. Wenn es zum Broterwerb genügen würde, sich auf sein Wissen und Können zu verlassen, dann stünde das eigene Selbstwertgefühl im Verhältnis zu den jeweiligen Fähigkeiten, das heißt zum Gebrauchswert eines Menschen. Aber da der Erfolg weitgehend davon abhängt, wie gut man seine Persönlichkeit verkauft, erlebt man sich als Ware oder richtiger: gleichzeitig als Verkäufer *und* zu verkaufende Ware.

Der Mensch kümmert sich nicht mehr um sein Leben und sein Glück, sondern um seine Verkäuflichkeit.

Das oberste Ziel des Marketing-Charakters ist die vollständige Anpassung, um unter allen Bedingungen des Persönlichkeitsmarktes begehrenswert zu sein. Der Mensch dieses Typus *hat* nicht einmal ein Ich (wie die Menschen des 19. Jahrhunderts), an dem er festhalten könnte, das ihm gehört, das sich nicht wandelt. Denn er ändert sein Ich ständig nach dem Prinzip: »Ich bin so, wie du mich haben möchtest.«

Menschen mit einer Marketing-Charakterstruktur haben kein Ziel, außer ständig in Bewegung zu sein und alles mit größtmöglicher Effizienz zu tun. Fragt man sie, *warum* alles so rasch und effizient erledigt werden muß, erhält man keine echte Antwort, nur Rationalisierungen wie: »Um mehr Arbeitsplätze zu schaffen« oder: »Damit die Firma weiter expandiert.« Philosophischen oder religiösen Fragen, etwa *wozu* man lebt und warum man in die eine und nicht die andere Richtung geht, bringen sie (zumindest bewußt) wenig Interesse entgegen. Sie haben ihr großes, sich ständig wandelndes Ich, aber keiner von ihnen hat ein Selbst, einen Kern, ein Identitätserleben. Die »Identitätskrise« der modernen Gesellschaft ist darauf zurückzuführen, daß ihre Mitglieder zu selbst-losen Werkzeugen geworden sind, deren Identität auf ihrer Zugehörigkeit zu Großkonzernen (oder anderen aufgeblähten Bürokratien) beruht. Wo kein echtes Selbst existiert, kann es auch keine Identität geben.

Der Marketing-Charakter liebt nicht und haßt nicht. Diese »altmodischen« Gefühle passen nicht zu einer Charakterstruktur, die fast ausschließlich auf der rein verstandesmäßigen Ebene funktioniert und sowohl positive als auch negative Emotionen meidet, da diese mit dem Hauptanliegen des Marketing-Charakters kollidieren: dem Verkaufen und Tauschen oder genauer, dem *Funktionieren* nach der Logik der »Megamaschine« (L. Mumford), deren Bestandteil sie sind, ohne Fragen zu stellen, außer, wie gut sie funktionieren, was an ihrem Aufstieg in der bürokratischen Hierarchie abzulesen ist.

Da der Marketing-Charakter weder zu sich selbst noch zu anderen eine tiefe Bindung hat, geht ihm nichts wirklich nahe, nicht weil er so egoistisch ist, sondern weil seine Beziehung zu anderen und zu sich selbst so dünn ist. Das mag auch erklären, warum sich diese Menschen keine Sorgen über die Gefahren nuklearer und ökologischer Katastrophen machen, obwohl sie alle Fakten kennen, die eine solche Gefahr ankündigen. Daß sie keine Angst um sich selbst zu haben scheinen, könnte man durch die Annahme erklären, daß sie sehr mutig und selbstlos seien; aber ihre Gleichgültigkeit gegenüber dem Schicksal ihrer Kinder und Enkel schließt eine solche Erklärung aus. Ihre Leichtfertigkeit in allen diesen Bereichen ist eine Folge des Verlusts an emotionalen Bindungen, selbst jenen gegenüber, die ihnen am »nächsten« stehen. In Wirklichkeit steht dem Marketing-Charakter niemand nahe, nicht einmal er selbst.

Die rätselhafte Frage, warum die heutigen Menschen zwar gerne kaufen und konsumieren, aber an dem Erworbenen so wenig hängen, findet ihre überzeugendste Antwort im Phänomen des Marketing-Charakters. Aufgrund seiner allgemeinen Beziehungsunfähigkeit ist er auch Dingen gegenüber gleichgültig. Was für ihn zählt, ist vielleicht das Prestige oder der Komfort, den bestimmte Dinge gewähren, aber die Dinge als solche haben keine Substanz. Sie sind total austauschbar, ebenso wie Freunde und Liebespartner, die genauso ersetzbar sind, da keine tieferen Bindungen an sie bestehen.

Das Ziel des Marketing-Charakters, *optimales Funktionieren unter den jeweiligen Umständen*, bewirkt, daß er auf die Welt vorwiegend rein verstandesmäßig *(cerebral)* reagiert. Vernunft im Sinne von Verstehen ist eine Gabe, die dem *Homo sapiens* vorbehalten ist; über *manipulative Intelligenz* als Instrument zur Erreichung konkreter Ziele verfügen sowohl Tiere als auch Menschen. Manipulative Intelligenz ohne Kontrolle durch die Vernunft ist gefährlich, da die Menschen dadurch auf Bahnen geraten können, die vom Standpunkt der Vernunft selbstzerstörerisch sind. Je scharfsinniger die von der Vernunft nicht kontrollierte manipulative Intelligenz ist, desto gefährlicher ist sie.

Kein Geringerer als Charles Darwin hat auf die tragischen Folgen hingewiesen, die rein wissenschaftlicher, entfremdeter Intellekt für die Persönlichkeit eines Menschen haben kann. In seiner Autobiographie schreibt er, daß er bis zum 30. Lebensjahr großes Vergnügen an Musik, Dichtung und bildender Kunst fand, daß er jedoch danach viele Jahre lang allen Geschmack an diesen Interessen verlor: »Mein Geist scheint eine Art Maschine geworden zu sein, die aus großen Massen von Tatsachen allgemeine Gesetze fabriziert ... Der Verlust dieser Neigungen ist ein Verlust an Glück und möglicherweise eine Schädigung des Intellekts und wahrscheinlich auch des moralischen Charakters, indem er die Gefühlsseite unserer Natur schwächt.«

Der Prozeß, den Darwin hier beschreibt, hat sich seit seiner Zeit in beschleunigtem Tempo fortgesetzt; die Trennung des Verstandes vom Herzen ist fast vollständig. Interessanterweise scheint die Mehrheit der führenden Wissenschaftler in den exaktesten und revolutionärsten Disziplinen (beispielsweise in der theoretischen Physik) von dieser Verkümmerung der Vernunft ausgenommen gewesen zu sein; es waren dies Menschen, die sich intensiv mit philosophischen und religiösen Fragen auseinandersetzten. (Ich denke an Gelehrte wie Einstein, Bohr, Szillard, Heisenberg und Schrödinger.)

Die Herrschaft des rein verstandesmäßigen, manipulativen Denkens entwickelt sich parallel zu einem Schwund des Gefühlslebens. Da es nicht gepflegt und gebraucht wird, sondern das optimale Funktionieren eher behindert, ist das Gefühlsleben verkümmert bzw. auf der Entwicklungsstufe des Kindes stehengeblieben. Die Folge ist, daß Marketing-Charaktere in Gefühlsdingen merkwürdig naiv sind. Oft fühlen sie sich von »emotionalen Menschen« angezogen, aber aufgrund ihrer Naivität können sie nicht unterscheiden, ob diese echt sind oder schwindeln. Das erklärt vielleicht, warum im geistig-seelischen und religiösen Bereich so viele Schwindler Erfolg haben; es mag auch erklären, warum Politiker, die starke Gefühle zum Ausdruck bringen, den Marketing-Charakter stark beeindrucken – und warum dieser nicht zwischen einem echt religiösen Menschen und einem Public-Relations-Produkt unterscheiden kann, das religiöse Gefühle nur vortäuscht.

Der Terminus »Marketing-Charakter« ist nicht die einzige Bezeichnung für diesen Menschentypus. Man kann ihn auch mit dem Marxschen Begriff des *entfremdeten Charakters* beschreiben; Menschen dieses Typus sind ihrer Arbeit, sich selbst, ihren Mitmenschen und der Natur entfremdet. In der Sprache der Psychiatrie könnte dieser Charaktertyp als schizoider Charakter bezeichnet werden, doch dieser Begriff ist insofern etwas irreführend, als ein Schizoider, der mit anderen Schizoiden zusammenlebt, gute Leistungen erbringt und Erfolg hat, weil ihm aufgrund seines schizoiden Charakters das Gefühl des Unbehagens völlig abgeht, das einen schizoiden Charakter in einer »normalen« Umgebung befällt. In seiner tiefschürfenden Studie ›The Gamesmen: The New *Corporate* Leaders‹ (1976) analysiert Michael Maccoby die Charakterstruktur von 250 Managern und Ingenieuren von zwei der bestgehenden amerikanischen Konzerne. Viele seiner Befunde bestätigen meine Darstellung des kybernetischen Menschen, wie ich ihn nenne, insbesondere das Vorherrschen der rein verstandesmäßigen Ebene und der Unterentwicklung des emotionalen Bereichs. Wenn man bedenkt, daß die von Maccoby interviewten Manager zu den führenden Persönlichkeiten der amerikanischen Gesellschaft zählen oder zählen werden, dann sind seine Ergebnisse von beträchtlicher gesellschaftlicher Relevanz.

Zweierlei fällt auf:
1. es fehlt das tiefe Interesse zu verstehen (die »Vernunft«);
2. die große Mehrheit ist entweder durch das nicht stetige Interesse an der Arbeit als solcher motiviert, oder die Arbeit ist ein Mittel, das ökonomische Sicherheit garantiert.

Keine der untersuchten Personen konnte uneingeschränkt als liebesfähig bezeichnet werden, obwohl fünf Prozent als »warm und liebevoll« eingestuft wurden. Alle übrigen sind an ihren Mitmenschen mäßig oder in konventioneller Weise interessiert oder aber völlig ablehnend und lebensfeindlich – in der Tat ein erschreckendes Bild emotionaler Unterentwicklung im Gegensatz zu der Dominanz des rein Verstandesmäßigen.

Die »kybernetische Religion« des Marketing-Charakters entspricht dessen gesamter Charakterstruktur. Hinter einer Fassade von Agnostizismus oder Christentum verbirgt sich eine zutiefst heidnische Religion, wenn die Betreffenden sich auch nicht als solche erkennen. Diese heidnische Religion ist schwer zu beschreiben, da wir auf ihre Existenz nur aufgrund von Handlungen bzw. Unterlassungen schließen können, nicht aufgrund bewußter Gedanken über Religion oder kirchlicher Dogmen. Am auffallendsten ist auf den ersten Blick, daß sich der Mensch selbst zum Gott gemacht hat, da er inzwischen die technischen Fähigkeiten zu einer »zweiten Erschaffung« der Welt besitzt, die an die Stelle der ersten Schöpfung des Gottes der traditionellen Religion getreten ist. Man kann es auch so formulieren: Wir haben die Maschine zur Gottheit erhoben und werden selbst Gott gleich, indem wir sie bedienen. Welche Formulierung wir wählen, ist nicht wichtig; entscheidend ist, daß sich der Mensch im Augenblick seiner größten Ohnmacht einbildet, dank seiner wissenschaftlichen und technischen Fortschritte allmächtig zu sein.

Je mehr wir in unserer Isolierung gefangen sind, je unfähiger wir werden, emotional auf die Welt zu reagieren, und je unvermeidlicher uns gleichzeitig ein katastrophales Ende erscheint, desto bösartiger wird die neue Religion. Wir sind nicht länger Herren der Technik, sondern werden zu ihren Sklaven – und die Technik, einst ein wichtiges schöpferisches Element, zeigt uns ihr anderes Gesicht als Göttin der Zerstörung (wie die indische Göttin Kali), der Männer und Frauen sich selbst und ihre Kinder zu opfern bereit sind. Während sie bewußt noch an der Hoffnung auf eine bessere Zukunft festhält, verdrängt die kybernetische Menschheit die Tatsache, daß sie begonnen hat, die Göttin der Zerstörung zu ihrem Idol zu erheben.

Für diese These gibt es viele Beweise, aber keiner ist zwingender als die beiden Tatsachen: 1. daß die großen (und auch einige kleinere) Mächte fortfahren, Atomwaffen von immer größerem Vernichtungspotential herzustellen, und daß sie sich nicht zu der einzigen vernünftigen Lösung durchringen können: zur Vernichtung aller Nuklearwaffen und der Atomkraftwerke, die das Material zur Produktion der Kernwaffen herstellen; und 2. daß praktisch nichts unternommen wird, um die Gefahr einer ökologischen Katastrophe zu bannen. Kurz, es wird nichts getan, um das Überleben der Menschheit zu sichern.

6

GLÜCK UND LEBEN

*Das Glück im Leben hängt von den guten Gedanken ab,
die man hat.*

Marc Aurel

Immanuel Kant

Glückseligkeit – »ein so unbestimmter Begriff«

Die Imperativen der Klugheit würden, wenn es nur so leicht wäre, einen bestimmten Begriff von Glückseligkeit zu geben, mit denen der Geschicklichkeit ganz und gar übereinkommen und ebensowohl analytisch sein. Denn es würde ebensowohl hier als dort heißen: wer den Zweck will, will auch (der Vernunft gemäß notwendig) die einzigen Mittel, die dazu in seiner Gewalt sind. Allein es ist ein Unglück, daß der Begriff der Glückseligkeit ein so unbestimmter Begriff ist, daß, obgleich jeder Mensch zu dieser zu gelangen wünscht, er doch niemals bestimmt und mit sich selbst einstimmig sagen kann, was er eigentlich wünsche und wolle. Die Ursache davon ist: daß alle Elemente, die zum Begriff der Glückseligkeit gehören, insgesamt empirisch sind, d. i. aus der Erfahrung müssen entlehnt werden, daß gleichwohl zur Idee der Glückseligkeit ein absolutes Ganze, ein Maximum des Wohlbefindens, in meinem gegenwärtigen und jedem zukünftigen Zustande erforderlich ist. Nun ist's unmöglich, daß er als das einsehendste und zugleich allervermögendste, aber doch endliche Wesen sich einen bestimmten Begriff von dem mache, was er hier eigentlich wolle. Will er Reichtum, wieviel Sorge, Neid und Nachstellung könnte er sich dadurch nicht auf den Hals ziehen! Will er viel Erkenntnis und Einsicht, vielleicht könnte das ein nur um desto schärferes Auge werden, um die Übel, die sich für ihn jetzt noch verbergen und doch nicht vermieden werden können, ihm nur um desto schrecklicher zu zeigen, oder seinen Begierden, die ihm schon genug zu schaffen machen, noch mehr Bedürfnisse aufzubürden. Will er ein langes Leben, wer steht ihm dafür, daß es nicht ein langes Elend sein würde? Will er wenigstens Gesundheit, wie oft hat noch Ungemächlichkeit des Körpers von Ausschweifung abgehalten, darein unbeschränkte Gesundheit würde haben fallen lassen, usw. Kurz, er ist nicht vermögend, nach irgend einem Grundsatze mit völliger Gewißheit zu bestimmen, was ihn wahrhaftig glücklich machen werde, darum weil hiezu Allwissenheit erforderlich sein würde. Man kann also nicht nach bestimmten Prinzipien handeln, um glücklich zu sein, sondern nur nach empirischen Ratschlägen, z. B. der Diät, der Sparsamkeit, der Höflichkeit, der Zurückhaltung usw., von welchen die Erfahrung lehrt, daß sie das Wohlbefinden im Durchschnitt am meisten befördern. Hieraus folgt, daß die Imperativen der Klugheit, genau zu reden, gar nicht gebieten, d. i. Handlungen objektiv als praktisch-*notwendig* darstellen können, daß sie eher für Anratungen (consilia) als Gebote (praecepta) der Vernunft zu halten sind, daß die Aufgabe: sicher und allgemein zu bestimmen, welche Handlung die Glückseligkeit eines vernünftigen Wesens befördern werde, völlig unauflöslich, mithin kein Imperativ in Ansehung derselben möglich sei, der im strengen Verstande geböte, das zu tun, was glücklich macht, weil Glückseligkeit nicht ein Ideal der Vernunft, sondern der Einbildungskraft ist, was bloß auf empirischen Gründen beruht, von denen man vergeblich erwartet, daß sie eine Handlung bestimmen sollten, dadurch die Totalität einer in der Tat unendlichen Reihe von Folgen erreicht würde.

Seneca

Die Tugend als einzig wahres Lebensgut

Dein Brief hat mir Freude gemacht und meiner Schlaffheit einen heilsamen Stoß versetzt; auch mein Gedächtnis, das schon Spuren von Ermattung und Trägheit zeigt, hat er wieder aufgefrischt. Was könnte dich abhalten, mein Lucilius, für das wirksamste Mittel zu einem glücklichen Leben die Überzeugung zu halten, daß Tugendhaftigkeit das einzige Gut sei? Denn wer andere Dinge für Güter hält, der gerät in des Schicksals Gewalt und macht sich fremder Willkür dienstbar.

Wer dagegen das Gute ausschließlich in der Tugendhaftigkeit sieht, der hat sein Glück ganz in sich selbst. Der eine trauert, wenn er seine Kinder verliert; der andere macht sich Sorgen, wenn sie krank sind; wieder ein anderer ist voll Kummer darüber, daß sie ihm Schande machen und daß man ihnen Böses nachredet. Sieh dich nur um: der eine wird gequält von der Liebe zu einem fremden Weibe, der andere durch die Untreue der eigenen Frau. Manche bringt ein Mißerfolg bei Amtsbewerbung ganz außer Fassung, andere bringt die glücklich erlangte Stellung selbst um alle Lebensfreude. Am größten aber ist in dem ganzen Menschengewimmel die Schar jener Unglücklichen, die die Angst vor dem von allen Seiten drohenden Tode nicht zur Ruhe kommen läßt; denn es gibt nichts, was dazu nicht Veranlassung böte. Man fühlt sich also wie in Feindesland: nach allen Seiten muß man ängstlich um sich blicken und den Hals nach jedem Geräusch wenden. Dieser Angst also muß man sich gründlich entledigen; sonst hört das Herzklopfen nicht auf. Verbannte werden uns begegnen und aus ihrem Besitz Vertriebene. Begegnen werden uns auch solche – und das ist die drückendste Art der Armut –, die inmitten alles Reichtums armselig sind. Begegnen werden uns ferner Schiffbrüchige oder von ähnlichem Schicksal Betroffene, die entweder die entfesselte Volkswut oder der Neid, diese auch den Besten verderbliche Vernichtungsmacht, ohne daß sie die geringste Ahnung davon hatten, aus ihrer geträumten Sicherheit zu Fall gebracht hat, einem Sturmwetter gleich, das oft bei vollem Vertrauen auf des Himmels Heiterkeit hereinbricht, oder auch dem Blitze gleich, der plötzlich einschlagend auch die Umgebung erbeben macht. Denn wie dort der dem Blitze Nahestehende ähnlich betäubt wird wie der Getroffene, so geht es auch hier. Bei irgendwelchen Gewaltvorgängen schlägt das Unglück einen zu Boden, auf die anderen übt die Furcht eine ähnliche Wirkung aus, und die bloße Möglichkeit des Leidens hat die gleiche niederschlagende Wirkung wie das wirklich erfahrene Leid. Fremdes, plötzliches Unglück beunruhigt die Gemüter aller. Wie das bloße Geräusch auch der leeren Schleuder die Vögel schreckt, so werden wir aufgescheucht nicht nur beim Schlage selbst, sondern schon beim bloßen Getöse.

Niemand kann also glücklich sein, der in solchen Wahnvorstellungen lebt. Denn es gibt kein Glück, das nicht die Furchtlosigkeit zur Voraussetzung hätte; wo man überall Arges wittert, da gibt es kein glückliches Leben. Wer sein Herz an die Gaben des Zufalls hängt, der schafft sich dadurch eine gewaltige und unentwirrbare Fülle von Anlässen zu geistigem Wirrsal. Es gibt nur einen Weg, der zur Sicherheit führt: alles Äußere zu verachten und sich mit der Tugend zu begnügen. Denn wer der Tugend irgend etwas vorzieht oder irgend etwas außer ihr für ein Gut erachtet, der stellt erwartungsvoll seine Rechnung auf die Gaben, die vom Schicksal ausgestreut werden, ist dabei aber doch auch beängstigt durch die Furcht vor seinen Geschossen. Laß dir folgendes Bild vorschweben: Denke dir das Schicksal, wie es Spiele veranstaltet und über diesen Menschenschwarm Ehrenstellen, Reichtum, Ansehen ausschüttet; diese Herrlichkeiten werden teils in Stücke gerissen unter den Händen der gierig danach Greifenden, teils in betrügerischer Gemeinschaft verteilt, teils denen, in deren Hände sie geraten sind, zum großen Nachteil ausschlagen, indem einiges an Gleichgültige gerät, anderes bei dem allzu gierigen Zugreifen abhanden kommt und unter den räuberischen Händen verschwindet. Aber auch wem der Raub glücklich gelungen ist, hat keine dauernde Freude an dem Geraubten. Wer also klüger ist als die große Masse, der macht sich, sobald er merkt, daß die Geschenkverteilung beginnt, schleunigst aus dem Theater davon; denn er weiß, daß Kleinigkeiten oft teurer zu stehen kommen. Er erspart sich die Balgerei, er erspart sich die Stöße; denn niemand behelligt die Fortgehenden, während drinnen der Kampf um den Gewinn wogt. Dasselbe spielt sich ab bei den Dingen, die das Schicksal von oben herabwirft. Wir geraten in hitzige Leidenschaft, wir Unseligen, wir wissen nicht aus noch ein, wir möchten mehr als zwei Hände haben, bald blicken wir dahin, bald dorthin. Gar zu lange, meinen wir, wird mit den Gaben gezögert, auf die unsere Begierde gespannt ist und die nur an wenige kommen, während alle ihrer harren. Wir möchten ihnen entgegeneilen und sie mit den Händen auffangen. Wir freuen uns, wenn wir etwas erwischt haben und wenn andere in der gleichen Hoffnung betrogen worden sind. Unser jämmerliches bißchen Beute büßen wir mit irgendwelchem erheblichen Schaden oder sehen uns gänzlich getäuscht. Gehen wir also dergleichen Spielen ganz aus dem Wege und machen den Räubern Platz! Sie mögen ihr Auge weiden an diesen schwanken Gütern und dabei noch selbst mehr ins Schwanken geraten.

Wer sich ein glückliches Leben zum Ziele setzt, der muß die Tugend für das einzige Gut halten. Denn hält er irgend etwas anderes dafür, so stellt er zunächst der Vorsehung ein übles Zeugnis aus; denn es gibt erstens so manchen rechtschaffenen Mann, dem viel Ungemach widerfährt, und sodann ist alles, was sie über uns verhängt, nur von kurzer Dauer und verschwindend, wenn man es mit der Dauer des Weltganzen vergleicht. Das Gejammer darüber macht uns ungerecht in der Beurteilung der göttlichen Weltleitung. Wir klagen, daß wir nicht immer nach Wunsch bedacht werden, daß uns so wenige Gaben erteilt werden, die noch dazu unsicher und von kurzer Dauer sind. Daher kommt es, daß wir weder zu leben noch zu sterben wünschen: das Leben hassen wir, den Tod fürchten wir. Jeder Entschluß wird schwankend, und kein Glück gibt uns volle Befriedigung. Und der Grund dafür? Wir sind noch nicht zu jenem unermeßlichen und unübertrefflichen Gute gelangt, wo unsere Wünsche haltmachen müssen, weil das Höchste nichts mehr über sich hat. Du fragst, warum die Tugend nichts bedürfe. Sie hat ihre Freude an dem Gegenwärtigen und verlangt nicht nach dem Abwesenden. Für sie ist alles groß, was genügt. Läßt du diese Behauptung nicht gelten, so ist es aus mit der Treue, aus mit der Ehrlichkeit. Denn wer diese beiden für seine Handlungen zur Richtschnur machen will, der muß vieles über sich ergehen lassen, was man Unglück nennt, muß auf vieles verzichten von dem, dem wir uns zuneigen als vermeintlichen Gütern. Dann ist es auch aus mit der Tapferkeit, die sich in Gefahren erproben muß, und nicht minder mit der Geisteshoheit, die nur dann hervortreten kann, wenn sie alles als kleinlich verachtet, woran das Herz der Menge als an dem Höchsten hängt; nicht minder auch mit der Dankbarkeit und der Erwiderung ihrer Wohltat, wenn wir die Mühe scheuen, wenn uns irgend etwas an Wert höher steht als die redliche Gesinnung, wenn unser Sinn nicht auf das Edelste gerichtet ist.

Doch ich will nicht länger hierbei verweilen. Entweder ist das, was man gewöhnlich als Güter bezeichnet, kein wirkliches Gut, oder der Mensch ist glücklicher als Gott, weil dieser kein Bedürfnis hat für das, was unserem Bedürfnis dient. Denn er hat nichts zu schaffen mit Wollust oder Tafelprunk oder Geldgier oder was sonst die Menschen ködert und durch verächtliche Lust besticht. Entweder also müßte man annehmen, Gott ermangele dieser Güter, oder es liegt eben darin, daß sie der Gottheit abgehen, der Beweis, daß sie keine Güter sind. Dazu bedenke, daß gar manches, was sich als ein Gut aufdringlich macht, den Tieren in größerer Fülle zuteil wird als den Menschen. Sie verschlingen gieriger ihre Nahrung, fühlen sich durch den Liebesgenuß weniger erschlafft, ihre Kräfte zeigen eine größere und gleichmäßigere Festigkeit. Daraus würde folgen, daß sie weit glücklicher sind als der Mensch. Denn ihr Leben verläuft ja ohne Niederträchtigkeit und Trug. Sie genießen ihre Lust, die ihnen in reichlicherem Maße vergönnt ist, und zwar ohne Schwierigkeit und ohne jede Furcht vor Scham oder Reue. Überlege dir also, ob man das ein Gut nennen kann, was der Mensch vor der Gottheit voraus hat. Das höchste Gut gehört ganz nur unserem Geiste an; es verliert seinen Wert, wenn es von unserem besten Teil in unseren schlechtesten verlegt und den Sinnen überantwortet wird, die bei den unvernünftigen Tieren regsamer sind.

Die Glückseligkeit hat ihrem eigentlichen Wesen nach nichts mit dem Fleische zu tun. Nur das sind wahre Güter, die die Vernunft uns gibt; sie sind unerschütterlich und unvergänglich, sie sind keines Sturzes, ja nicht einmal einer Abnahme oder Verminderung fähig. Das übrige sind nur eingebildete Güter, die zwar den Namen mit den wahren teilen, aber von dem eigentümlichen Wesen des Guten nichts in sich haben. Daher mag man sie als Annehmlichkeiten oder nach unserer (stoischen) Schulsprache als schätzbare Dinge bezeichnen. Doch dürfen wir dabei nicht vergessen, daß sie uns dienstbar sind, nicht Teile von uns. Sie mögen *bei* uns sein; dabei müssen wir aber immer dessen eingedenk sein, daß sie *außer* uns sind. Und auch wenn sie bei uns sind, dürfen wir sie doch nur zu den untergeordneten und niedrigen Dingen rechnen, die zu keiner Überhebung Anlaß geben. Denn was wäre törichter als stolzsein auf etwas, was man nicht selbst gemacht hat? All diese Dinge mögen sich zu Begleitern von uns machen, dürfen sich aber nicht an uns festhängen, damit die etwaige Trennung sich ohne klaffende Wunde für uns vollziehe. Bedienen wir uns also ihrer, doch ohne uns zu rühmen, und gehen wir behutsam damit um wie mit einer uns zur Bewahrung anvertrauten und wieder abzugebenden Sache. Wer sie ohne Vernunft besitzt, behält sie nicht lange. Denn das Glück will gemäßigt sein, wenn es nicht unter seinem eigenen Drucke leiden soll. Wer den flüchtigen Gütern traut, sieht sich bald verlassen, oder, wenn dies nicht der Fall ist, von Anfechtungen heimgesucht. Nur wenigen war es vergönnt, sich ihres Glückes in schonender Weise zu entäußern. Alle übrigen sehen sich mit denen, unter denen sie hervorragten, zu Boden geworfen, und eben das, was sie emporgehoben hatte, liegt jetzt als schwere Last drückend auf ihnen.

Daher halte man sich an die vernünftige Einsicht, die in bezug auf jene Glücksgüter Maß und Enthaltsamkeit vorschreibt, denn die Zügellosigkeit verschwendet in drängender Hast ihre Mittel. Was maßlos ist, ist nie von Dauer; nur die regelnde Vernunft weist jene Ausschreitungen in die Schranken zurück. Dafür wirst du den Beleg in dem Schicksal vieler Städte finden, deren stolze Macht mitten in der Blüte dahinsank: was Mannestugend aufgerichtet hatte, ward durch Maßlosigkeit zu Fall gebracht. Gegen dergleichen Schicksalswandlungen müssen wir uns sichern. Es gibt aber keine Mauer, die dem Schicksal unüberwindlich wäre. Unser Inneres also müssen wir wehrhaft machen. Ist unsere Seele gut verwahrt, dann kann uns wohl mancher Schlag treffen, aber überwältigt können wir nicht werden.

Dschuang Dsi

Glück?

Gibt es auf Erden überhaupt ein höchstes Glück, oder gibt es keines? Gibt es einen Weg, sein Leben zu wahren, oder gibt es keinen? Was soll man tun, woran soll man sich halten? Was soll man meiden, wo soll man bleiben? Wem soll man sich zuwenden, wovon soll man sich abwenden? Worüber soll man glücklich sein, was als Unglück betrachten? Was man auf Erden hochzuhalten pflegt, ist Reichtum, Ehre, langes Leben, Tüchtigkeit. Was man für Glück zu halten pflegt, ist ein gesunder Leib, Genüsse der Nahrung, schöne Kleider, Augenlust und die Welt der Töne. Was man für unwert hält, ist Armut, Niedrigkeit, früher Tod und Schlechtigkeit. Was man für Unglück hält, ist, wenn der Leib nicht sein Behagen findet, wenn der Mund nicht seine Genüsse findet, wenn man sich nicht in schöne Kleider hüllen kann, wenn man sich nicht ergötzen kann an schönen Farben und der Welt der Töne. So härmen die, denen diese Dinge nicht zuteilwerden, sich mit viel Kummer und Furcht ab. In ihrer Sorge für das Leben sind sie zu Toren geworden. (Aber auch denen, die das Glück besitzen, geht es nicht besser.) Die Reichen mühen sich ab in harter Arbeit und sammeln viele Schätze, die sie doch nicht aufbrauchen können. In ihrer Sorge für das Leben haben sie sich an die Außenwelt verloren. Die Vornehmen fügen die Nacht zum Tag, um darüber nachzudenken, was sie fördert oder hindert. In ihrer Sorge für das Leben werden sie sich selber fremd. Bei der Geburt des Menschen wird das Leid zugleich geboren. Erreicht daher einer ein hohes Alter, so wird er nur stumpf und schwachsinnig, und sein langes Leid stirbt nicht. Was ist das für eine Bitternis! In seiner Sorge um sein Leben bleibt er doch fern vom Ziel.

Helden gelten auf Erden für tüchtig, aber sie sind nicht imstande, ihr eigenes Leben zu wahren. Ich weiß nicht, ob diese ihre Tüchtigkeit in Wahrheit Tüchtigkeit ist oder ob sie in Wahrheit Untüchtigkeit ist. Will man sie als tüchtig bezeichnen, so steht dem entgegen, dass sie nicht imstande sind, ihr eigenes Leben zu wahren; will man sie andererseits als untüchtig bezeichnen, so steht dem entgegen, dass sie imstande sind, anderer Menschen Leben zu wahren. Darum heißt es: Bleibt treue Warnung ungehört, so sitze still und lass den Dingen ihren Lauf, ohne zu streiten; denn schon mancher hat durch Streiten sich ums Leben gebracht. Streitet man jedoch nicht, so macht man sich auch keinen Namen. So bleibt es bei der Frage: gibt es in Wahrheit Tüchtigkeit oder nicht? Nun weiß ich nicht, ob das, was die Welt tut, was sie für Glück hält, tatsächlich Glück ist oder nicht. Wenn ich das betrachte, was die Welt für Glück hält, so sehe ich wohl, wie die Menschen in Herden diesem Ziele nachstreben und ihr Leben in die Schanze schlagen, als könnte es nicht anders sein, und alle sprechen, das sei das Glück. Aber Glück und Unglück liegt für mich noch nicht in diesen Dingen. (Was mir am Herzen liegt), das ist, ob es tatsächlich Glück gibt oder nicht. Ich halte das Nicht-Handeln für wahres Glück, also gerade das, was die Welt für die größte Bitternis hält. Darum heißt es: Höchstes Glück ist Abwesenheit des Glücks, höchster Ruhm ist Abwesenheit des Ruhms. Recht und Unrecht auf Erden lassen sich tatsächlich nicht bestimmen. Immerhin, durch Nicht-Handeln kann Recht und Unrecht bestimmt werden. Höchstes Glück und Wahrung des Lebens ist nur durch Nicht-Handeln zu erhoffen. Ich darf wohl noch weiter darüber reden. Der Himmel gelangt durch Nicht-Handeln zur Reinheit; die Erde gelangt durch Nicht-Handeln zur Festigkeit. Wenn so die beiden in ihrem Nicht-Handeln sich einigen, so entsteht die Wandlung aller Geschöpfe. Unsichtbar, unfasslich gehen sie aus dem Nicht-Sein hervor; unfasslich, unsichtbar sind im Nicht-Sein die Ideen. Alle Geschöpfe in ihrer unerschöpflichen Fülle wachsen aus dem Nicht-Handeln hervor. Darum heißt es: Himmel und Erde verharren im Nicht-Tun, und nichts bleibt ungetan. Und unter den Menschen, wer vermag es, das Nicht-Tun zu erreichen?

Émilie du Châtelet

Über das Glück

🌿

Man glaubt gemeinhin, daß es schwierig ist, glücklich zu sein, und es gibt nur allzu viele Gründe für diesen Glauben. Aber es fiele leichter, glücklich zu werden, wenn die Menschen ihrem Tun Überlegungen und einen Plan für die Vorgehensweise vorausgehen ließen. Man wird getrieben von den Umständen und gibt sich den Hoffnungen hin, die sie wecken und doch immer nur zur Hälfte erfüllen. Schließlich erkennt man die Mittel glücklich zu sein erst, wenn das Alter und die Fesseln, die man sich angelegt hat, ihnen hinderlich entgegenwirken.

Kommen wir solchen verspäteten Einsichten zuvor. Die das Folgende lesen, werden darin finden, was ihnen das Alter und die Betrachtung ihres Lebens zu langsam preisgeben würden. Bewahren wir sie davor, einen Teil der kostbaren und kurzen Zeitspanne, die wir zum Fühlen und Denken haben, zu verlieren. Sie sollen die Zeit dazu nutzen, sich alle Freuden zu bereiten, die sich während ihrer Lebensreise bieten, anstatt sie mit dem Kalfatern ihres Schiffes zuzubringen.

Um glücklich zu sein, muß man sich *von Vorurteilen be-*

freit haben, tugendhaft sein und bei guter Gesundheit, Neigungen und Leidenschaften haben und für Illusionen empfänglich sein. Denn wir verdanken die meisten unserer Freuden der Illusion, und unglücklich ist, wer sie verliert. Weit entfernt davon, sie durch die Fackel der Vernunft vertreiben zu wollen, solltet Ihr daher versuchen, die Glasur stärker aufzutragen, mit der sie die meisten Dinge überzieht: für sie ist dieser Glanz noch notwendiger als Pflege und Schmuck für unsere Körper.

Man muß damit beginnen, sich wirklich selbst zu sagen und es sich zur Überzeugung zu machen, daß wir nur auf dieser Welt sind, um uns angenehme Empfindungen und Gefühle zu bereiten. Die Moralisten, die den Menschen sagen, *zügelt eure Leidenschaften und beherrscht eure Begierden, wenn ihr glücklich werden wollt,* kennen den Weg zum Glück nicht. Man wird nur glücklich durch befriedigte Neigungen oder Leidenschaften, und da man nicht immer das Glück hat, letztere zu verspüren, muß man sich mangels Leidenschaften eben mit den Neigungen begnügen. Leidenschaften sind es also, die man von Gott erbitten sollte, falls man ihn um etwas zu bitten wagte; und Le Nôtre [bedeutender Gartengestalter im 17. Jh.] hatte sehr recht, vom Papst Versuchungen statt Ablässe zu fordern.

Doch, wird man mir entgegenhalten, machen die Leidenschaften nicht mehr Menschen unglücklich als glücklich? Ich habe nicht die erforderliche Waage, um das Gute und das Schlechte, das sie den Menschen bescheren, allgemein abzuwägen. Doch ist zu bedenken, daß man von den Unglücklichen weiß, weil sie die anderen brauchen, gern ihre Leidensgeschichte erzählen und darin Heilmittel und

Erleichterung suchen. Die glücklichen Menschen hingegen suchen nichts und werden den anderen ihr Glück nicht kundgeben. Die Unglücklichen sind interessant, die Glücklichen unbekannt.

Matt Haig

Glück ist nicht gut für die Wirtschaft

Die Welt wird immer stärker darauf ausgerichtet, uns unglücklich zu machen, Glück ist nicht gut für die Wirtschaft. Wären wir glücklich mit dem, was wir haben, warum sollten wir dann noch mehr wollen? Wie verkauft man Antifaltencreme? Indem man den Leuten Angst vor dem Altern macht. Wie bringt man die Leute dazu, eine bestimmte Partei zu wählen? Indem man ihnen Angst vor Einwanderung macht. Wie bringt man sie dazu, eine Versicherung abzuschließen? Indem man ihnen Angst vor allem macht. Wie überzeugt man sie, dass sie eine Schönheitsoperation brauchen? Indem man sie auf ihre körperlichen Makel hinweist. Wie schafft man es, dass sie eine Fernsehserie sehen? Indem man ihnen das Gefühl gibt, sie könnten sonst nicht mitreden. Wie bringt man sie dazu, ein neues Smartphone zu kaufen? Indem man ihnen das Gefühl gibt, sie würden sonst den Anschluss verpassen.

Ruhe wird zum revolutionären Akt: glücklich sein mit einer Existenz ohne Upgrades. Zufrieden sein mit unserem nachlässigen, menschlichen Ich, das wäre nicht gut fürs Geschäft.

Aber wir haben nur diese eine Welt. Und wenn wir genau hinsehen, ist die Welt der Waren und Werbung nicht das wirkliche Leben. Das Leben sind die anderen Dinge. Das Leben ist das, was übrig bleibt, wenn man das ganze Zeug wegnimmt oder zumindest für eine Weile ignoriert.

Das Leben, das sind die Leute, die dich lieben. Niemand würde wegen eines iPhones am Leben bleiben. Was zählt, sind die Menschen, die wir mit dem iPhone erreichen.

Und wenn es uns langsam besser geht, wenn wir wieder leben, dann sehen wir das Leben mit neuen Augen. Vieles wird klarer, und wir achten auf Dinge, auf die wir vorher nicht geachtet haben.

Alain

Die Kunst, glücklich zu sein

Auf allen Schulen müßte es Unterricht geben in der Kunst, glücklich zu sein. Nicht in der Kunst, glücklich zu sein, wenn einen das Unglück beim Wickel hat: das überlasse ich den Stoikern; vielmehr in der Kunst, glücklich zu sein, wenn die Umstände erträglich sind und die Bitternis des Lebens sich auf Kleinigkeiten beschränkt.

Die erste Regel dieser Kunst bestände darin, nie mit jemand anderem über seine augenblicklichen oder überstandenen Beschwerden zu sprechen. Andere mit seinem Kopfweh, seinem Gallenleiden oder seinen Verdauungsbeschwerden zu unterhalten, müßte selbst dann für eine Unhöflichkeit gelten, wenn es in den gewähltesten Ausdrücken geschähe. Das gleiche, was Erzählungen von erlittenem Unrecht und enttäuschten Hoffnungen betrifft. Man müßte den Kindern und jungen Leuten auseinandersetzen, was selbst die Erwachsenen, wie mir scheint, nicht genügend beachten: daß nämlich Klagen die anderen nur traurig stimmen können, das heißt ihnen mißfallen müssen, selbst wenn sie zu solchen Geständnissen auffordern und sich in der Rolle des Trösters zu gefallen scheinen. Denn Traurigkeit gleicht einem Gift, das man zwar lieben, aber nach dem man sich nicht wohlfühlen kann; und recht hat zum Schluß immer das tiefere Gefühl. Jeder will leben, nicht sterben; dementsprechend sucht er Umgang mit denen, die leben, das heißt sich zufrieden zeigen. Welch eine großartige Sache wäre die menschliche Gesellschaft, wenn jeder, statt über die Asche zu greinen, von seinem Holz ins Feuer steckte!

Wobei zu bemerken ist, daß eben dies die Regeln der ehemaligen guten Gesellschaft waren. Allerdings langweilte man sich in ihr, weil man nicht frei sprechen konnte. Das Bürgertum hat der geselligen Unterhaltung alle Freiheit zurückerobert, die es braucht, und das ist gut. Das ist aber noch kein Grund, daß nun jeder sein Elend auspackt; das würde noch schwärzere Langeweile erzeugen. Deshalb ist es gut, die Geselligkeit nicht auf den Familienkreis zu beschränken; denn im Familienkreis läßt man sich zu leicht gehen; man beklagt sich über Kleinigkeiten, an die man nicht einmal dächte, wenn man ein bißchen Wert darauf legte, zu gefallen. Die Lust, sich an Leute in Schlüsselpositionen heranzumachen und Intrigen zu spinnen, kommt zweifellos daher, daß man sich im Verkehr mit ihnen zusammennehmen muß, das heißt alles unterdrückt, was zu erzählen langweilen würde. Von allen Beschwerden, die auszubreiten der Intrigant keine Gelegenheit findet, wird er so geheilt. Das Prinzip dabei ist folgendes: Wenn du über deine Beschwerden nicht sprichst, denkst du nicht mehr daran.

Die Kunst, glücklich zu sein, welche ich im Auge habe, würde auch Ratschläge für den Gebrauch schlechten Wetters geben. Im Augenblick, da ich dies schreibe, regnet es;

die Tropfen trommeln aufs Dach; hundert Rinnsale murmeln; die Luft wird gleichsam gewaschen und gefiltert; die Wolken ähneln riesigen Aufnehmern. Man muß diese Schönheiten sehen lernen. Aber der Regen schadet doch der Ernte! sagt der erste. Der zweite: Kein Weg, der nicht aufgeweicht wäre! Der dritte: Jetzt kann man sich wieder einen ganzen Tag lang nicht ins Gras setzen! Schon richtig; aber eure Klagen ändern nichts daran. Sie erreichen höchstens, daß auch im Haus schlechtes Wetter herrscht; gerade an Regentagen möchte man aber doch heitere Gesichter sehen. Denkt bitte daran.

Rainer Maria Rilke

Geheimnisvolles Leben

Geheimnisvolles Leben Du, gewoben
aus mir und vielen unbekannten Stoffen,
geschieh mir nur: Mein Sinn ist allem offen
und meine Stimme ist bereit zu loben. […]
Reiß mich hinauf an meinen Haaren,
drück mich der Erde in den Schoß!
Nur laß mich deinen Sinn erfahren,
denn ich vermute: Du bist groß.

Autoren- und Quellenverzeichnis

Alain (d. i. Émile Chartier; 1868–1951), Schriftsteller und Philosoph. – S. 215: Die Kunst, glücklich zu sein. Aus dem Französischen v. Albrecht Fabri, aus: Alain, Die Pflicht, glücklich zu sein. Frankfurt a. M. 1979, S. 221 f. © Suhrkamp Verlag, Berlin 1979

Hannah Arendt (1906–1975), Philosophin. – S. 173: Die Freiheit, frei zu sein. Übers. v. Andreas Wirthensohn, aus: Hannah Arendt, Die Freiheit, frei zu sein. Hrsg. v. Thomas Meyer, München 8. Aufl. 2018, S. 32–42 © dtv Verlagsgesellschaft München 2018

Aristoteles (ca. 384 v. Chr. – ca. 322 v. Chr.) Philosoph. – S. 127: Natürlichkeit der Staatenbildung. Übers. v. Olof Gigon, aus: Christof Rapp (Hg.), Aristoteles. Glück, Staat und Charakter. Ein Lesebuch zur praktischen Philosophie. München 2018, S. 316, 321 f. (dtv bibliothek) © dtv Verlagsgesellschaft, München 2018 © für die Texte: Walter de Gruyter GmbH, Berlin Boston.

Gerald Benedict, Religionswissenschaftler und Philosoph. – S. 71: Können wir verstehen, was »Gott« bedeutet? – S. 76: Was ist Glaube? Übers. v. Enrico Heinemann, aus: Gerald Benedict, Der Fünf-Minuten-Philosoph. München 2015, S. 99–103, S. 141 f. dtv Verlagsgesellschaft, München 2011

Iso Camartin (geb. 1944), Kulturwissenschaftler, Philosoph und Schriftsteller. – S. 101: Gastfreundschaft. Aus: Iso Camartin, Im Garten der Freundschaft. Eine Spurensuche, München 2011, S. 74 f., S. 82–86 (Auszüge) © Verlag C.H.Beck, München 2011

Émilie du Châtelet (1706–1749), Mathematikerin, Physikerin und Philosophin. – S. 210: Über das Glück. Übers. v. Eva Maria Rüther, aus: Klassische philosophische Texte von Frauen. Hrsg. v. Ruth Hagengruber, München 1998, S. 120–127

Marcus Chown (geb. 1959), Physiker. – S. 35: Das Urknall-Universum. Übers. v. Kurt Neff, aus: Marcus Chown, Warum Gott doch würfelt. München 2. Aufl. 2012, S. 191–210 (Auszüge)

Marcus Tullius Cicero (106–43 v. Chr.), Politiker, Schriftsteller und Philosoph. – S. 109: Kein besseres Geschenk der Götter (Auszüge aus Laelius oder Von der Freundschaft VI, 20–22). Übers. v. Elke Rutzenhöfer, aus: Freunde. Freundinnen. Freundschaften. Hrsg. v. Arnd Brummer, Frankfurt a. M. 2015, S. 26 f. (edition chrismon) © Hansisches Druck- u. Verlagshaus Frankfurt a. M. 2015

Emanuele Coccia (geb. 1976), Philosoph. – S. 59: Der Atem der Welt. Übers. v. Elsbeth Ranke, aus: Die Wurzeln der Welt. Eine Philosophie der Pflanzen. München 2020, S. 78–82 © Carl Hanser Verlag, München 2018

René Descartes (1596–1650), Naturwissenschaftler, Mathematiker und Philosoph. – S. 24: Über die Natur des menschlichen Geistes. Übers. v. Johann Heinrich Kirchmann, aus: René Descartes' philosophische Werke. Zweite Abteilung, Berlin 1870, S. 25–39

Dschuang Dsi (auch Zhuangzi, ca. 365–290 v. Chr.), geistlicher Lehrer. – S. 40: Flussgott und Meergott – S. 207: Glück?

Übers. v. Richard Wilhelm, aus: Das wahre Buch vom südlichen Blütenland. München 2004, S. 242 ff., S. 225 ff.

Luc Ferry (geb. 1951), Philosoph. – S. 119: Die Trauer um einen geliebten Menschen. Übers. v. Lis Künzli, aus: Leben lernen. München 5. Aufl. 2013, S. 298–301 © Verlag Antje Kunstmann, München 2007

Erich Fromm (1900–1980), Psychoanalytiker und Sozialphilosoph. – S. 186: Der »Marketing-Charakter« und die »kybernetische Religion«. Übers. v. Brigitte Stein, bearb. v. Rainer Funk, aus: Haben oder Sein. München 43. Aufl. 2016, S. 179–187 (Auszüge) © 1976 Deutsche Verlags-Anstalt, München, Verlagsgruppe Random House

Khalil Gibran (1883–1931), Schriftsteller, Künstler und Philosoph. – S. 22: Das Feld von Zaad. Übers. v. Ditte u. Giovanni Bandini, aus: Der Prophet. Der Wanderer. München 4. Aufl. 2017, S. 131 f.

Olympe de Gouges (1748–1793), Philosophin. – S. 163: Die Rechte der Frau. Aus: Die Rechte der Frau. Hrsg., übers. u. m. einer Einführung v. Gisela Bock, München 2018, S. 92–101 (dtv bibliothek) © dtv Verlagsgesellschaft, München 2018

Matt Haig (geb. 1975), Schriftsteller. – S. 213: Glück ist nicht gut für die Wirtschaft. Übers. v. Sophie Zeitz, aus: Ziemlich gute Gründe am Leben zu bleiben. München 2016, S. 220 f. © dtv Verlagsgesellschaft, München 2016

Georg Wilhelm Friedrich Hegel (1770–1831), Philosoph. – S. 44: Über die Natur – S. 131: Zur Philosophie der Geschichte. Aus: Vorlesungen über die Philosophie der Geschichte. Hrsg. v. Friedrich Brunstäd, Leipzig 1924

Alexander von Humboldt (1769–1859), Naturforscher. – S. 46: Das nächtliche Thierleben im Urwalde – S. 154: Die Einheit des Menschengeschlechts. Aus: Der andere Kosmos. Hrsg. v. Oliver Lubrich u. Thomas Nehrlich, München 2019, S. 378 f., S. 383–388 © dtv Verlagsgesellschaft, München 2019

Mascha Kaléko (1907–1975), Dichterin. – S. 79: Apropos »Freier Wille«. Aus: Sämtliche Werke und Briefe. Hrsg. u. komm. v. Jutta Rosenkranz, Bd. I, München 2012, S. 605 f. © Gisela Zoch-Westphal, Zürich 1975, 2012 © dtv Verlagsgesellschaft, München 2012

Immanuel Kant (1724–1804), Philosoph. – S. 197: Glückseligkeit – »ein so unbestimmter Begriff«. Aus: Grundlegung zur Metaphysik der Sitten. Hrsg. v. Theodor Valentiner, Stuttgart 1988, S. 63 ff.

Reiner Kunze (geb. 1933), Dichter. – S. 64: Zuflucht noch hinter der Zuflucht. Aus: gedichte, Frankfurt a. M. 2. Aufl. 2003, S. 130. © S. Fischer Verlag GmbH, Frankfurt a. M. 2001

Gottfried Wilhelm Leibniz (1646–1716), Mathematiker, Erfinder und Philosoph. – S. 80: Die beste aller möglichen Welten. Aus: Theodizee, 1. Teil §§ 8–10,12–15. Übers. v. Artur Buchenau, Hamburg 1968

Georg Christoph Lichtenberg (1742–1799), Mathematiker, Physiker und Philosoph. – S. 130: Tugend in allen Ständen. Aus: Pfennigs-Wahrheiten. Hrsg. v. Rainer Baasner, München 3. Aufl. 1999, S. 155

Karl Marx (1818–1883), Nationalökonom und Philosoph. – S. 182: Krisen der modernen bürgerlichen Gesellschaft (Auszug aus dem Manifest der Kommunistischen Partei, 1948). Aus: Es kommt darauf an, die Welt zu verändern. Ein Karl-Marx-Lesebuch. Hrsg. v. Klaus Körner, München 2018, S. 144–148 (dtv bibliothek)

Platon (427–348 v. Chr.), Philosoph. – S. 13: Wissen ist Wahrnehmung (Auszug aus Theaitetos). Übers. u. hrsg. v. Otto

Apelt in Verbindung mit Kurt Hildebrandt u. a., aus: Platon. Ausgewählt u. vorgestellt v. Rafael Ferber, München 1997, S. 340–350

Leopold von Ranke (1795–1886), Historiker. – S. 143: Über die Epochen der neueren Geschichte. Aus: Geschichte und Politik. Hrsg. v. Hans Hofmann, Stuttgart 1940, S. 139–144

Rainer Maria Rilke (1875–1926), Dichter. – S. 113: Liebe ist schwer – S. 218: Geheimnisvolles Leben. Aus: Es wartet eine Welt. Lebensweisheiten. Hrsg. v. Günter Stolzenberger, S. 59, S. 81 © dtv Verlagsgesellschaft, München 2013

Peter Rühmkorf (1929–2008), Dichter. – S. 111: Gemeines Liebeslied. Aus: Sämtliche Gedichte 1956–2008. Hrsg. v. Bernd Rauschenbach, Reinbek b. Hamburg 2016, S. 143 © Rowohlt Verlag GmbH, Hamburg 2016

Menno Schilthuizen (geb. 1965), Evolutionsbiologe. – S. 48: Vorstadt. Aus: Darwin in der Stadt. Übers. v. Kurt Neff u. Cornelia Stoll, München 2018, S. 9–16 © dtv Verlagsgesellschaft, München 2018

Arthur Schopenhauer (1788–1860), Philosoph. – S. 107: Die Stachelschweine – S. 150: Nationalstolz. Aus: Parerga und Paralipomena. Aphorismen zur Lebensweisheit. Kleine Geschichten Fabeln Gleichnisse, Berlin 1851, S. 524 f.; Dass., Kap. IV, Leipzig 1913, S. 72.

Seneca (ca. 4 v. Chr. – 65 n. Chr.), Politiker, Dichter und Philosoph. – S. 67: Der Gott in uns. – S. 200: Die Tugend als einzig wahres Lebensgut. Aus: Briefe an Lucilius. Erster Teil. Übers. u. komm. v. Otto Apelt, Wiesbaden 2004, S. 140–143, S. 292–298

Edith Stein (1891–1942), Ordensfrau (Unbeschuhte Karmelitin), Frauenrechtlerin und Philosophin. – S. 95: Individuum und Gemeinschaft. Aus: Philosophische Texte von Frauen. Hrsg. v. Ruth Hagengruber, München 1998, S. 171, 179

Wisława Szymborska (1923–2012), Dichterin. – S. 114: Beitrag zur Statistik. Übers. v. K. Dedecius. Aus: Der Augenblick/Chwila. Gedichte. Aus dem Polnischen von Karl Dedecius. Frankfurt a. M. 2005, S. 49, 51 © Suhrkamp Verlag Frankfurt a. M. 2005

Arnold J. Toynbee (1898–1975), Historiker und Philosoph. – S. 117: Sterblich sein. Aus: Ich weiß nicht, ob ich bange. Ein Lesebuch. Hrsg. v. Michaela Diers, München 1999, S. 40 f.

Kurt Tucholsky (1890–1935), Journalist und Schriftsteller. – S. 97: Die Familie. Aus: Kurt Tucholsky. Das große Lesebuch. Hrsg. v. Axel Ruckaberle, Frankfurt a. M. 2010, S. 120–122

Voltaire (d. i. François Marie Arouet, 1694–1778), Philosoph und Schriftsteller. – S. 85: Candide. Aus: Candide oder der Optimismus. Übers. u. hrsg. v. Wolfgang Tschöke, München 2. Aufl. 2012, Kap. 1, S. 9 ff.; Kap. 28, S. 116–119